公交优先战略背景下
城市公交车吸引力研究

姚 迪 著

北京交通大学出版社
· 北京 ·

内 容 简 介

在"公交优先"战略支持下，我国城市公交车得到了快速发展，基础设施建设成绩显著，服务水平不断提高。然而，城市公交车吸引力依然不强，在缓解交通拥堵方面的积极作用仍未充分发挥。如何提升公交车吸引力，促进城市可持续发展已成为当前亟待解决的关键问题。对此，本书论证了公交设施规模、服务质量和私家车管制措施对公交车吸引力的影响，最终结合城市公共交通的实际发展情况提出了进一步增强公交车吸引力的对策建议。本书可为我国城市公共交通优先发展的深入落实提供理论支撑和实践引导。

本书适合工商管理、交通运输规划与管理专业的教师和学生，以及公共交通管理者阅读。

图书在版编目（CIP）数据

公交优先战略背景下城市公交车吸引力研究 / 姚迪著. —北京：北京交通大学出版社，2023.7

ISBN 978-7-5121-5045-4

Ⅰ . ① 公… Ⅱ . ① 姚… Ⅲ . ① 公共汽车–城市运输–研究–中国 Ⅳ . ① F572.7

中国国家版本馆 CIP 数据核字（2023）第 135063 号

公交优先战略背景下城市公交车吸引力研究
GONGJIAO YOUXIAN ZHANLÜE BEIJINGXIA CHENGSHI GONGJIAOCHE XIYINLI YANJIU

责任编辑：田秀青
出版发行：北京交通大学出版社　　　　　电话：010-51686414　　http://www.bjtup.com.cn
地　　址：北京市海淀区高粱桥斜街 44 号　　邮编：100044
印 刷 者：北京虎彩文化传播有限公司
经　　销：全国新华书店
开　　本：170 mm×235 mm　　印张：11.625　　字数：238 千字
版 印 次：2023 年 7 月第 1 版　　2023 年 7 月第 1 次印刷
定　　价：69.00 元

本书如有质量问题，请向北京交通大学出版社质监组反映。
投诉电话：010-51686043，51686008；传真：010-62225406；E-mail：press@bjtu.edu.cn。

前　言

　　城市公共汽电车（以下简称公交车）是现代城市公共交通系统的重要组成部分，承担着城市公共客运的重要任务。公交优先发展战略的实施给城市公共交通发展带来了前所未有的机遇，有力地推动了公交车的快速发展。然而，经过十多年的优先发展，虽然城市公交基础设施建设成绩显著，服务质量不断提高，但我国城市公交车吸引力依然不强，在缓解交通拥堵方面的积极作用仍未充分发挥。为什么我国城市公交设施规模和服务质量取得显著提升后，公交车吸引力依然偏低、城市交通依然拥堵？如何结合各城市公共交通的实际发展情况制定有效的发展策略来进一步提升公交车的吸引力以应对日益严重的交通拥堵问题？以上问题均是当前亟待解决的关键问题。

　　为此，本研究针对我国城市公交车吸引力低下的发展现状和现有研究存在的不足，从公交设施规模、服务质量和私家车管制3个方面对公交车吸引力进行了系统性研究，回答了增加公交设施、提升服务质量和管制私家车对增强公交车吸引力是否有效、何时有效及如何有效等问题。本研究核心内容包括以下3个部分：

　　（1）公交设施规模对公交车吸引力的影响研究。以中国2015年152个城市公共交通为样本，应用因果逐步回归分析、路径分析和多群组分析方法对技术效率在公交设施规模与公交车吸引力中的中介效应进行实证检验。研究结果表明，技术效率在公交线路长度和公交车吸引力间存在显著的中介效应，并且，技术效率的中介效应会随着公交设施规模的发展而变化。具体来说，当公交设施规模较小时，可以通过增加公交线路长度来提高技术效率，从而增强公交车吸引力，但当公交设施增长到一定规模的时候，再继续增加公交线路长度反而会降低技术效率而削弱公交车吸引力。

（2）公交服务质量对公交车吸引力的影响研究。以 334 份常州市居民出行信息为样本，应用结构方程模型对公交服务质量、私家车保有量、私家车使用和公交车吸引力的假设模型进行实证检验。研究结果表明，改善公交服务质量确实可以降低私家车保有量和私家车使用，从而增强公交车吸引力。然而，私家车保有量和使用对公交车吸引力的消极影响远大于公交服务质量的积极影响。因此，在私家车保有量和使用快速增长的情况下，只有全面、大幅度地提升公交服务质量才能抵消并最终超过私家车增长对公交车吸引力带来的消极影响。

（3）私家车管制对公交车吸引力的影响研究。以常州市有选择权居民的 RP 数据和私家车使用者的 SP 数据为样本，应用二元 Logit 模型和累积 Logit 模型检验了私家车管制对公交车吸引力的直接作用及公交服务质量对其的调节效应。结果表明，不论是对私家车还是电动车，私家车管制均可显著增强公交车吸引力，且公交服务质量可正向调节私家车管制对公交车吸引力的积极影响。这说明只有在高质量的公交服务基础上，私家车管制才能充分发挥其积极影响。

综上所述，本研究立足于我国城市公共交通优先发展实践，采用合适的实证分析方法检验了公交设施规模、服务质量、私家车管制与公交车吸引力间的作用关系，为我国公共交通优先发展提供了理论依据和指导，并为政府进一步制定公共交通发展政策提供参考与借鉴。

最后，这本书得以出版，我要感谢北京石油化工学院经济管理学院的支持；感谢教育部人文社会科学青年基金项目"公共交通与共享交通竞合机理及调控策略研究"（22YJCZH218）、"跨地区协同外置重大突发生的物资保障机制研究"（21YJCZH120），北京石油化工学院重要科研成果培育项目"重大突发事件复杂情境下救援物资跨地区协同保障决策仿真技术应用"（BIPTACF-012）、2022年度北京市属高校教师队伍建设支持计划优秀青年人才项目（BPHR202203095）的资助；感谢北京交通大学出版社编辑田秀青，以及为此书编辑出版发行而付出辛勤劳动的每位工作人员！

姚　迪

2022 年 6 月

目　　录

第1章

绪　　论

1.1　研究问题的提出

1.1.1　研究背景

城市公共汽电车由公共汽车、电车（包含有轨电车）组成，是政府提供的基本公共服务和重大民生工程，与广大民众生产生活息息相关。近几年来，轨道交通在我国得到较快发展，但按照《国务院办公厅关于加强城市快速轨道交通建设管理的通知》（国办发〔2003〕81号）要求，城市轨道交通建设要坚持量力而行、有序发展的方针，与城市规模和经济发展水平相适应。并且，为进一步严格城市轨道交通建设的申报条件，《国务院办公厅关于进一步加强城市轨道交通规划建设管理的意见》（国办发〔2018〕52号）从公共财政预算收入、地区生产总值、市区常住人口、初期客运强度、远期客运规模等多个方面进行了明确规定。依据国家规定，符合申报条件的城市只占我国城市总数的一小部分。截至2022年年底，我国仅28个省区市的55个城市开通了城市轨道交通，公交车仍是我国绝大部分城市公共交通的主体，为公众日常出行提供了基础保障。

为了将客流吸引到公共交通，释放城市道路空间、节约资源，国家高度重视公交车的发展。2012年12月，国务院发布《国务院关于城市优先发展公共交通的指导意见》（国发〔2012〕64 号），确立了公共交通优先发展的战略地位，并提出"根据城市实际发展需要合理规划建设以公共汽电车为主体的地面公共交通系统，包括快速公共汽车、现代有轨电车等大容量地面公共交通系统"，指出了公交车在地面公共交通系统中的主体地位。随着城市公共交通发展形势的变化，为适应行业发展需要，2017 年 3 月交通运输部令第 5 号公布了《城市公共汽车和电车客运管理规定》。该规定进一步肯定了公交车的重要地位，明确了城市公交车客运的基本制度和服务要求，为城市公交车客运健康发展提供了有力保障。

近十多年来，因为中央政府和地方政府对公共交通优先发展的大力支持，我国城市公交车得到快速发展，基础设施建设成绩显著，公交服务质量不断提高。依据交通运输部发布的交通运输行业发展统计公报，截至 2018 年，全国拥有公交车 67.34 万辆，公交运营线路总长度达 119.9 万 km，公交专用道里程达 12 850.2 km，较 2014 年分别增长了 27.34%、46.61% 及 86.31%。公交基础设施的稳步发展大大提高了城市公交服务保障能力，改善了公交服务质量，公交车的重要作用日益凸显。

然而，与不断完善的公交基础设施和服务质量相比，公交车客运需求并未持续增长。依据中国统计年鉴数据，2014—2018 年，全国公交车客运量从 722.85 亿人次下降到 635.65 亿人次。虽然有部分乘客在公共交通系统内部发生了交通方式转移，即从公交车转移到轨道交通，但全国公共交通客运总量（公交车客运量与轨道交通客运量之和）同样呈现出下降趋势，说明公共交通并未吸引到更多的出行需求，甚至流失了一部分客流。另外，随着我国城镇化建设和经济的快速发展，再加上人们对小汽车的向往和自由出行的渴望，截至 2018 年，我国私人小型载客汽车（下称私家车）仍在以每年 2 000 万辆左右的增幅上涨，城市交通拥堵问题依然严重。从高德地图发布的《2018 年度中国主要城市交通分析报告》中的数据来看，2018 年全国有 61% 的城市通勤高峰时处于缓行状态，有 13% 的城市处于拥堵状态，只有 26% 的城市不受通勤拥堵威胁。从当前城市居民的购车和用车行为看，私家车出行在城市交通中仍居主流，单纯依靠增加公交设施规模、提升公交服务质量等公交车扶持手段似乎无法有效将私家车出行者吸引过来。

　　总体来说，虽然我国城市公共交通在中央、地方政府和社会各界的共同努力下取得了显著的发展，但公交车对广大公众的吸引力依然不强，还存在一系列令人困扰的问题：为什么我国城市公交设施规模不断扩大，而公交车客流量不增反降？为什么我国城市公交服务质量显著改善后，城市公交车吸引力依然偏低、城市交通依然拥堵？面对上述情况，如何才能进一步提升城市的公交车吸引力？一个城市公交车吸引力的强弱直接影响每个出行个体的交通方式选择行为，进而决定整个城市的公交车客运需求。具体来说，当人们面临公交车与其他交通方式的选择时，公交车吸引力越大，人们越倾向于选择公交车，最终使用公交车出行的人就越多。如何结合各地公共交通的实际发展情况制定有效的发展策略来进一步提升公交车吸引力，以应对越来越多的私家车带来的交通拥堵问题，促进城市可持续发展，已成为当前迫切需要解决的实际问题。

1.1.2　研究问题

　　理论上，增加公交线路长度和公交车辆数等公交基础设施可以向广大公众提供更多的公交服务，而更多的公交服务可以进一步增加公交车出行需求。因此，在关于公交设施规模对公交车吸引力的影响研究中，1983 年 de Menezes 和 John，1991 年 McLeod 等，2014 年 Chen 等学者认为公交线路长度、公交车辆数或万人拥车率为代表的公交设施规模指标对公交车吸引力具有显著的积极影响。虽然 2014—2018 年我国公交线路长度、公交车辆数等公交设施规模持续增加，但公交车客流量反而连续下降。因此，基于我国城市公交发展现状，本书的第一个研究问题是：公交设施规模对公交车吸引力的积极影响始终存在吗？

　　公交优先战略极大地改善了城市公共交通的服务质量，而公交服务质量的提升能够吸引更多的乘客使用公共交通已被多次验证。然而，1989 年 Kitamura 认为私家车保有量决定了私家车出行量，而私家车出行量并不会因为公共交通工具使用的增加而减少。实际上，从我国城市目前的交通状况看，公交服务质量的提升确实没有显著地缓解城市拥堵水平。私家车保有量的快速增长固然是造成交通拥堵的重要原因之一，但除此之外，高质量的公交服务到底能否缓解交通拥堵？具体来说，改善公交服务质量能否抑制私家车拥有，并将私家车使用者从私家车出行转移到公交车出行？这是本书的第二个研究问题。

实际上，为了缓解交通拥堵，让公共交通尽可能多地吸引客流，优先发展公共交通除了通过扶持公共交通提高自身的服务质量，还包括了对私家车的管制。2001 年 Kingham 等，2010 年 Eriksson 等的研究发现扶持公共交通的同时采取管制私家车的策略比单独实行其中一种政策更有效，两种政策因此被称为"胡萝卜加大棒"或"推式与拉式政策组合"。同时，2016 年 Liu 等通过理论模型发现，只有在高质量的公交服务基础上实行私家车管制才能有效将私家车出行者吸引到公共交通。因此，为了进一步提升城市公交车吸引力，基于已有研究，本书的第三个研究问题是：私家车管制是否可以提升公交车吸引力？并且，公交服务质量在私家车管制与公交车吸引力之间是否存在正向调节效应？

随着我国"公交优先"战略的持续推进，城市公共交通发展迎来了新的挑战。尤其是以公交车为主甚至为唯一公共客运服务的城市，在经过增加设施、升级装备等粗放式发展后，公交车对公众的吸引力难以进一步提升，开始进入瓶颈，急需寻找新的出路。在此背景下，探索以上研究问题的答案不仅可以为城市公交车吸引力研究做出理论贡献，也将为我国城市公共交通优先发展提供理论支撑和实践引导。

1.2　研究目标与意义

本书立足于我国城市公共交通优先发展实践，选择公交车吸引力为因变量，以公交设施规模、服务质量和私家车管制为自变量，探讨了优先发展公共交通的 3 个主要内容——增加公交设施、改善服务质量、管制私家车对公交车吸引力的影响机制。具体来说，在国内外已有研究的基础上，定义公交车吸引力，并为其选择测量指标；选择公交设施规模指标变量；界定公交服务质量属性；界定私家车管制措施，选择私家车管制研究变量；借鉴现有研究成果，建立公交设施规模、服务质量和私家车管制与公交车吸引力的假设模型；以我国部分城市公共交通发展现状和城市居民出行行为样本，采用合适的实证分析方法检验公交设施规模、服务质量、私家车管制与公交车吸引力间的作用关系，以期为我国公共交通优先发展提供理论依据和指导，并为政府进一步制定公共交通发展政策提供建议。本书的理论意义和实践价值如下。

第一，本书对现有公交车吸引力影响研究进行了补充和扩展：在公交设施规模对公交车吸引力的影响研究中，检验了技术效率在公交设施规模和公交车吸引力间的中介效应；在公交服务质量对公交车吸引力的影响研究中，论证了公交服务质量能否通过转变私家车拥有和使用行为进而影响公交车吸引力的作用机制；在私家车管制对公交车吸引力的影响研究中，检验了公交服务质量在私家车管制和公交车吸引力之间的正向调节效应。

第二，本书通过实证分析方法检验了公交设施规模、服务质量与私家车管制对公交车吸引力的影响机制，实际上就是验证了公交优先发展战略的 3 个主要内容——增加公交设施、改善服务质量和管制私家车对增强公交车吸引力是否有效、何时有效及如何有效等问题。发现了公交设施规模、服务质量与私家车管制在公交车不同的发展水平下对其吸引力的影响的差异性，回答了城市公交车在不同的发展阶段如何进一步提升吸引力的问题，这为各地政府和公共交通管理者选择适合自身的发展策略提供了理论依据和实践引导。

1.3 研究内容与方法

本书研究工作围绕我国城市公交优先发展战略背景下公交车吸引力这个核心问题展开。首先针对公交车吸引力的相关文献，运用文献挖掘方法对相关理论和已有研究进行归纳总结，为后续研究提供概念和理论铺垫；然后，定义公交车吸引力、选择公交车吸引力测量指标、选择公交设施规模指标、界定公交服务质量和私家车管制措施，构建公交车吸引力研究框架，为后续研究提供理论支撑；最后，运用理论工具提出研究假设、建立假设模型，并选择我国部分城市公交发展实践和居民出行行为作为研究样本，通过数理统计和计量经济学模型对样本数据进行实证分析，挖掘其理论意义及实践启示。

本书共分为7个部分，以下简要介绍各章节的内容。

第1章：绪论

本章首先阐述研究背景、提出研究问题；介绍本书的研究目标与意义、研究内容与方法。

第2章：文献综述

本章对国内外相关研究进行了系统的梳理和归纳总结，主要包括以下几方面的内容：一是公交车吸引力相关研究概述；二是公交设施规模与公交车吸引力相关研究综述；三是公交服务质量概念、理论依据和实证研究文献综述；四是私家车管制概念、理论依据和实证研究文献综述；五是公共交通技术效率评价的实证研究文献综述。通过总结现有文献的研究现状，为后续研究提供了概念和理论铺垫。

第3章：公交车吸引力研究框架构建

本章首先定义了公交车吸引力，并从城市和个体两个层面选取公交车吸引力测量指标；选取公交设施规模指标变量；界定公交服务质量属性；总结国内外私家车管制实践经验，界定私家车管制措施。最后构建公交车吸引力研究框架，为后续研究提供理论支撑。

第 4 章：公交设施规模对公交车吸引力的影响

本章构建了公交设施规模、技术效率和公交车吸引力假设模型，利用因果逐步回归、路径分析、多群组分析方法和我国 2015 年 152 个城市的公共交通相关数据，检验了公交设施规模对公交车吸引力的影响机制。

第 5 章：公交服务质量对公交车吸引力的影响

本章构建了公交服务质量、私家车保有量、私家车使用和公交车吸引力假设模型，利用问卷调查的方式得到了常州市城市居民的出行数据，并应用结构方程模型检验了公交服务质量对公交车吸引力的影响机制。

第 6 章：私家车管制对公交车吸引力的影响

本章构建了私家车管制、公交服务质量和公交车吸引力假设模型，利用问卷调查的方式得到了常州市城市居民客观的交通方式选择数据（RP 数据）和假定情境下主观的公交出行意愿数据（SP 数据），应用二元 Logit 模型和累积 Logit 模型分别从客观的交通方式选择和主观的公交出行意愿两个维度检验了私家车管制对公交车吸引力的影响机制。

第 7 章：结果分析及对策建议

本章在前面 3 个实证章节基础上进一步分析了公交设施规模、服务质量和私家车管制对公交车吸引力的实证结果，并依据分析结果提出了能够增强公交车吸引力的对策建议。

第 8 章：结论与展望

本章基于实证分析结果，总结本书研究的主要结论，提出主要创新点，最后指出本书存在的不足之处和需要进一步研究的问题和方向。

以上研究内容及其逻辑关系如图 1-1 所示。

本书坚持"科学性、创新性、规范性、统计性"的基本原则，主要应用文献挖掘、数理统计学、计量经济学、定性与定量相结合的分析方法，将理论研究与实证研究相结合。以中国城市公交发展实践和城市居民出行行为为样本，选择了合适的理论工具和研究方法，如因果逐步回归分析、路径分析、多群组分析、结构方程模型、累积 Logit 模型等。虽然公共交通相关信息的可获得性限制了某些研究的开展，但是通过对假设模型有参考依据的建立、对变量有依

```
┌─────────────────────────────────────┐
│                绪论                   │
├─────────────────────────────────────┤
│ • 研究问题的提出（研究什么）            │
│ • 研究目标与意义（为何研究）            │
│ • 研究内容与方法（怎么研究）            │
└─────────────────────────────────────┘
```

┌─ 理论基础 ··┐

```
┌─────────────────────────────────────────────────────────────────────┐
│                            文献综述                                    │
├───────────────────────────────────┬───────────────────────────────────┤
│ • 公交车吸引力研究概述               │ • 公交设施规模与公交车吸引力研究概述  │
│ • 公交服务质量与公交车吸引力研究概述  │ • 私家车管制与公交车吸引力研究概述    │
│ • 公共交通技术效率评价               │                                   │
└───────────────────────────────────┴───────────────────────────────────┘
```

```
┌─────────────────────────────────────┐
│        公交车吸引力研究框架构建         │
├─────────────────────────────────────┤
│ • 公交车吸引力的定义及指标选择          │
│ • 公交设施规模指标的选择               │
│ • 公交服务质量属性的界定               │
│ • 私家车管制措施的界定及变量选择        │
└─────────────────────────────────────┘
```

└···┘

┌─ 实证分析 ··┐

公交设施规模对公交车吸引力的影响			公交服务质量对公交车吸引力的影响		
公交设施规模、技术效率与公交车吸引力假设模型	技术效率和公交车吸引力测算	实证分析	公交服务质量、私家车拥有、私家车保有量与公交车吸引力假设模型	公交服务质量、私家车使用、公交车保有量和公交车吸引力变量测量	实证分析

私家车管制对公交车吸引力影响		
私家车管制、公交服务质量与公交车吸引力假设模型	私家车管制、公交服务质量与公交车吸引力变量测量	实证分析

└···┘

```
┌─────────────────────────────────────────────────────┐
│                  结果分析及对策建议                     │
├─────────────────────────────────────────────────────┤
│ 公交车吸引力研究结果分析→增强城市公交车吸引力的对策建议   │
└─────────────────────────────────────────────────────┘
```

```
┌─────────────────────────────────────┐
│               结论与展望               │
├─────────────────────────────────────┤
│ • 研究的主要结论                       │
│ • 研究的主要创新点                     │
│ • 研究的局限性与未来展望                │
└─────────────────────────────────────┘
```

图 1-1　本书研究内容逻辑关系

据的测量、对实证分析方法有依据的选取，确保了本书研究的科学性和规范性，保证了研究结论的可靠性和适用性。

1.4 本 章 小 结

本章首先简要地论述了研究背景，提出研究问题；然后基于研究问题，阐述了研究目标、研究意义、研究内容和研究方法。本章是本书的纲领，对本书的整体研究起到系统引导的作用。

第 2 章

文 献 综 述

第 1 章介绍了本书的研究工作是围绕公交车吸引力这个核心问题展开的，探讨了公交设施规模、服务质量与私家车管制对公交车吸引力的影响机制。国内外学者在此方面的相关领域已经进行了大量的研究工作，这些工作可分为公交车吸引力研究、公交设施规模与公交车吸引力研究、公交服务质量与公交车吸引力研究、私家车管制与公交车吸引力研究 4 个方面。此外，公共交通技术效率评价亦是本书所要研究内容之一，因此，本章从以上 5 个方面进行文献梳理与评述，为后续研究提供概念和理论铺垫。

2.1 公交车吸引力研究

20 世纪 70 年代初，美国芝加哥市提出的四阶段交通规划方法得到了广泛应用。但应用该方法不仅消耗大量的时间和成本，在交通方式划分上亦存在很大的不确定性。随着各国公交优先战略的提出与发展，基于社会经济因素描述公共交通需求成为交通规划部门的一致选择，公共交通需求研究成为研究热点，其中尤以美国城市为代表的研究最为高产。此后，随着人们出行模式、价值观念及客观条件的改变，影响公共交通需求的因素日趋复杂，传统的城市水平上的公共交通需求研究已经无法有效解释公共交通需求差异，再加上基于随机效用理论的离散选择模型（discrete choice model）取得了重大进展，学者开始利用离散选择模型研究个体交通方式选择行为。因此，本书可从公共交通需求和个体交通方式选择两个方面综述公交车吸引力研究。

在理论研究中，因为公交车和轨道交通完全不同的运营方式和服务特点，学者常将公交车和轨道交通作为两种不同的交通方式进行分别研究。因此，基于本书的研究目标，本章只梳理、评述以公交车为研究对象的公共交通需求和个体交通方式选择研究。

2.1.1　公共交通需求研究

在获取大量数据的前提下，研究人员可采用统计回归方法分析公共交通需求的影响因素。统计回归方法不仅可以分析公共交通运营和管理部门能够决定的票价、公共交通设施数量等因素对公共交通需求的影响，还可以分析公共交通系统以外的、城市水平上的地理、经济、人口等因素的影响，其结论不仅为公共交通部门提供了思路，亦对城市规划、交通等部门提出了要求。

1986 年 Hendrickson，1991 年 McLeod 等，1993 年 Liu，1996 年 Gomez-Ibanez，1999 年 Kain 和 Liu，2000 年 Kohn，2006 年 Thompson 和 Brown，2009 年 Taylor 等，2011 年 Chen 等，2015 年石飞和居阳应用该方法，探寻和检验了某些城市若干年间公共交通需求变化或者不同城市公共交通需求表现出巨大差异的影响因素。以上文献分别检验了美国 25 个城市（1960—1980年）、火奴鲁鲁（1958—1986 年）、波特兰（1919—1990 年）、波士顿（1970—1990 年）、休斯敦与圣地亚哥（1980—1990 年）、加拿大（1992—1998 年）、美国超过 50 万人口城市（1990—2000 年）、美国 265 个城市（2000 年）、纽约（1996—2009 年）以及南京市（2009 年）的公交车客流量或公交出行分担率的影响因素，发现不仅公共交通系统自身的服务特征会影响公共交通需求，城市空间结构、经济发展水平、小汽车保有量、燃油价格、停车成本等因素更是对公共交通需求起到了决定性作用。此后，学者对公共交通需求影响因素研究不断深入，探寻未被检验的影响因素，量化影响因素对公共交通需求的影响力，剖析各影响因素与公共交通需求间的作用机制。

2013 年 Chakraborty 和 Mishra，2013 年 Chakour 和 Eluru，2014 年 Chen 等，2006 年周素红和闫小培在不同城市进行了城市空间类型和土地利用模式对公共交通需求的影响研究。2013 年 Chakraborty 和 Mishra 利用马里兰州 2000 年的数据，研究了土地利用、社会经济变量、空间类型与公交车客流量的关系。发现土地利用特征、公共交通可达性、居民收入水平和人口密度显著影响公交车客流量，并且城市、郊区、农村地区公共交通需求的显著影响因素存在差异，其影响力亦不同。2014 年 Chen 等采用中国 645 个城市 2002—2008 年的面板数据，首先利用聚类分析方法将中国城市公共交通绩效分成 4 类，然后利用面板回归变系数模型分析了城市地理（城镇化面积、人口密度）、经济（人均收入、人均 GDP）、公交设施规模（万人拥车率、线网密度、服务频率）对 4 类城市公共交通需求的影响，同样发现各类因素在 4 类城市公共交通需求中的不同表现。以上研究结果表明，在公交优先发展中，没有适用于所有城市的政策方案，不同城市应依据其发展模式及公共交通发展阶段制定与之匹配的公交优先战略。

在城市社会经济上，1990 年 Spillar 和 Rutherford 应用多元回归方法检验了美国城市发展模式的人口密度、就业密度、人均收入等对公共交通需求的影响，发现人口密度、就业密度对公共交通需求产生显著积极影响，而人均收入水平则是显著的消极影响。

在公共交通系统中，2011 年 Gkritza 和 Karlaftis 研究了多模式公共交通系统的票价结构的影响，发现低票价是吸引公交乘客的重要因素，同时，公交方式间的票价集成可显著提高公共交通需求，差别化票价体系可有效缓解公交方式间的竞争关系。2015 年 Brakewood 等利用纽约各区 2011—2013 年的面板数据，检验了通过电子站牌、手机等获得的公共交通实时信息，如线路、预期到站时间等，对公共交通需求的影响，发现公交信息可得性可显著提高公共交通需求，表明公众在已知公共交通出行信息情况下，更愿意乘坐公共交通。此外，公交服务的其他特征，如公交线路长度、万人拥车率、覆盖率、服务频率、车辆运营里程等亦常被检验出对公交车吸引力存在显著的积极影响。

天气状况对公共交通需求的影响亦得到许多学者的关注。2012 年 Stover 和 McCormack，2014 年 Arana 等的研究发现刮风、下雨、低温或高温均可显著降低公交车客流量。2017 年 Zhou 等利用深圳 2014 年 9 月每时的公交车客流量与天气数据亦得到了相同结论，同时进一步发现，平峰期的公交车客流量更易受到天气的影响，而高峰期的通勤客流量受天气影响不大。天气与公交车客流量关系研究为交通部门的日常运营提供了重要信息。此外，偶然事件（如罢工）、大众心理对公共交通需求的影响在 1992 年得到了 Ferguson 的检验，发现罢工时间对公共交通需求产生显著的消极影响。

基于现有研究成果，本书将公共交通需求影响因素划分为地理特征、经济特征、人口特征、小汽车服务特征、公交车服务特征、偶然事件和大众心理 7 类，梳理了显著影响因素常用指标和影响方向，结果见表 2-1。

表 2-1　已被检验的、显著影响公共交通需求因素汇总表

类别	影响因素	常用指标	影响方向
地理特征	城镇化面积	城区面积	消极影响
	城镇化率	城镇化率	积极影响
	土地利用特征	密度：各功能区每英里密度、混合使用程度	积极影响
	天气状况	天气类型：晴/雨、温度、湿度、风速、气压	消极影响
经济特征	人均 GDP	人均 GDP	积极影响
	居民收入水平	人均收入或家庭收入	消极影响
	公交补贴	是否给予补贴或补贴金额或补贴比例	积极影响
人口特征	城市人口	城区总人口或人口密度	积极影响
	就业水平	就业人数或就业率	积极影响
	外来人口比例	外来人口比例	积极影响
	学生人口比例	学生人口比例	积极影响
	贫困人口比例	贫困人口比例	积极影响
	无车家庭比例	无车家庭比例	积极影响

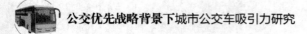

续表

类别	影响因素	常用指标	影响方向
小汽车服务特征	小汽车保有量	小汽车保有量	消极影响
	燃油价格	燃油价格	积极影响
	拥挤费用	早晚高峰期平均拥挤费用	积极影响
	停车位可得性	停车位获得率	消极影响
	停车成本	平均停车成本	积极影响
公交车服务特征	票价	人均单次出行票价	消极影响
	服务数量	车辆运营里程、运营时长、公交车辆数或人均公交车辆数或每公里公交车辆数、万人拥有率、覆盖率、服务频率、公交发展导向：1—多目的，0—单一目的	积极影响
	服务质量	可达性–步行到站时间或距离、可靠性–准时到站率、安全性–年均事故发生率、舒适性–座位获得率/拥挤率、运营信息可得性	积极影响
偶然事件	公交罢工事件	是否发生罢工事件：1—发生，0—不发生	消极影响
大众心理	大众对公共交通的普遍态度	是否认为公共交通是"低档商品"：1—认为，0—不认为	消极影响

2003 年 Taylor 和 Fink 将所有影响因素分为内部因素和外部因素两类。内部因素指公共交通管理部门可改变的影响因素，如公共交通服务特征；外部因素指公共交通管理部门无法改变的影响因素，如城市的地理、经济、人口等特征。学者们一致认为，外部因素对公共交通需求的影响力大于内部因素，具有决定性作用。

在各因素影响力研究中，已有文献对公交票价的研究最为深入。在缺乏更多有效数据的时代，公共交通领域一度将 Simpson-Curtin 准则作为标准的公共交通需求票价弹性，即公交票价每提高 1%，公共交通需求就降低 0.33%。但随着研究的不断深入，票价弹性被学者们发现其在不同环境下会发生变化。首先，票价弹性存在不对称性，乘客对提高票价比降低票价更敏感；其次，票价弹性随着票价的增加而增加；最后，票价弹性亦随着研究的时间范围、出行者年龄、收入、出行目的、距离、城市土地利用模式等的变化而变化。但无论怎样变化，票价对公共交通需求的影响始终是显著的、无弹性的。

以公交票价影响力为基准，研究人员比较分析了小汽车使用成本、公交服务特征相对于公交票价的影响力。1973 年 Kemp 发现，公交服务供给水平（车辆运营里程）的弹性大于公交票价弹性。1990 年 Cervero 进一步发现，公交服务质量数量弹性是公交票价的两倍，其中，人们对公交服务准时性是最敏感的。从出行时间上看，车外时间比车内时间更敏感，其中，车外时间中的等待时间是最敏感的。2008 年 Currie 和 Wallis 认为，票价弹性大于车内时间弹性。关于公共交通需求的小汽车成本交叉弹性，2014 年任刚等发现，公共交通需求对小汽车拥挤收费的交叉弹性值随着拥挤收费水平的提高而增加，当拥堵费用为 13.25 元/次时，该弹性值达到−1，开始变得"显著"。1984 年 Wang 和 Skinner 估计了燃油价格的交叉弹性为 0.08～0.8。以上研究均表明，小汽车使用费用的交叉弹性大于公交票价弹性。

综上所述，关于公共交通需求影响因素间的影响力比较，可以得出以下结论：① 外部因素在公共交通需求中起决定性作用；② 小汽车使用成本对公共交通需求的影响力大于公交票价的影响力；③ 公共交通系统内部因素中，公共交通服务质量影响力，如准时性、可达性等，大于公交票价。

2.1.2　个体交通方式选择研究

随着日益复杂的出行行为和离散选择模型的发展，个体交通方式选择研究允许学者从出行个体角度检验显著影响公交车吸引力的影响因素。离散选择模型的一般原理为随机效应理论。在决策分析中，效用理论是对备选方案或可能出现的后果进行赋值的理论方法，效用表示决策者对某一事物的综合考量。对一个出行者，选择某种交通方式（小汽车、公交车等）的效用可以表示为决策者自身特征、交通方式服务特征、交通需求特征等因素的函数。同时，考虑到不可测因素对效用的影响，将效用定义为一个随机变量，该随机变量由确定性效用和随机性效用两部分组成。基于效用最大化原则，交通方式 k 被选中的概

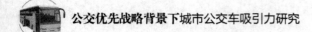

率即为方案 k 的效用大于其他方案效用的概率，出行者选择方案 k 的概率函数即为选择函数。因此，一旦确定了随机性效用项的分布，就可以确定交通方式 k 的选择函数。若随机项服从二重指数分布，则离散选择模型可推导出 Logit 模型；若随机项服从正态分布，则可推导出 Probit 模型。在个体交通方式选择研究中，最常用的离散选择模型有二元 Logit 模型、多项 Logit 模型、多项 Probit 模型、累积 Logit 模型等。此外，为了提高模型解释能力或适应数据特有特征，2011 年 Frondel 和 Vance，2016 年付学梅和隽志才对离散选择模型进行了改进。总结已有文献，个体交通方式选择研究中的公交车吸引力影响因素可分为个体与家庭特征显性特征、个体与家庭特征隐性特征、出行需求特征、交通方式服务特征和土地利用特征 5 类。

在个体与家庭特征中，2001 年 Hunecke 等，2006 年 Johansson 等，2007 年 Scheiner 和 Holz-Rau，2014 年崔维军和罗玉，2016 年付学梅和隽志才同时检验了出行者客观的社会经济特征和主观出行态度与个体交通方式选择间的关系，发现不仅客观的社会经济特征，如出行者年龄、学历、收入、有无小孩、私家车保有量等可以显著影响个体交通方式选择，出行者的主观态度亦存在显著影响。2016 年付学梅和隽志才利用绍兴市 5 269 位出行者的出行信息，采用基于多项 Probit 的 ICLV（integrated choice and latent variable）模型，发现出行者对小汽车的偏好、对公交车厌恶的潜在心理对通勤方式产生显著影响。2006 年 Johansson 等利用瑞典斯德哥尔摩和乌普萨拉市之间大约 19 000 个通勤者 2001 年 9—10 月的通勤出行数据，首先采用潜变量模型（the latent variable model，MIMIC），通过可观测到的日常行为构造了出行者对出行方式的灵活性、便利性、舒适性、安全性和环保性感知的 5 个潜变量，再利用多项 Probit 模型检验 5 个潜变量对公共交通选择的影响，发现出行者对交通方式的灵活性和舒适性感知是最重要的影响因素。2001 年 Hunecke 等利用 1997 年德国波鸿 128 个出行者的出行数据，首先采用主成分分析法提取了人们对生态环境的责任意识与标准的道德因素，再引用双因素方法分析检验了公交票价和环境责任意识与标准对公交使用的影响，发现"经济+道德"模式是交通方式选择的决定因素。以上研究表明，出行者对交通方式的心理偏好、主观感知、社会责任意识等主观因素在交通方式选择中起到重要作用。

在个体与家庭特征中，小汽车保有量与公共交通使用间的作用关系得到更多关注。1989 年 Kitamura 认为小汽车保有量促进了小汽车使用，进而减少了公共交通使用。2011 年 Li 等和 2017 年 Chakrabarti 亦发现小汽车保有量与公共交通使用间存在显著的负相关。2017 年 Chakrabarti 利用加利福尼亚问卷调查发现拥有小汽车的人很少使用公共交通，而无私家车人数解释了公共交通客流量大部分差异。

交通方式服务特征、出行时耗和出行成本是最常用的衡量指标。显然地，缩短公共交通出行时耗、降低公共交通出行成本可显著增加公共交通使用。此外，具体的服务特征的影响亦得到检验。2011 年 Frondel 和 Vance 利用德国 1996—2007 年 8 577 个出行者的面板数据，采用 ZIMs 模型（zero-inflated models）发现燃油价格每上涨 1 欧元，每人一周使用公共交通的次数增加 0.7 次。同时，燃油价格的影响力比公交票价更大。2001 年 Abdel-Aty 利用加利福尼亚 1 000 个通勤者数据，应用多项 Logit 模型，发现提高公交信息可得性可显著增加公共交通使用，尤其是公共交通服务频率信息、换乘信息、座位信息、步行到站时间信息和票价信息。除以上建立计量模型的研究外，2017 年 Birago 等应用描述性统计分析方法通过对 134 个通勤者的问卷调查分析了加纳阿克拉市通勤出行方式的影响因素，发现公共交通服务质量低下，如公交可达性差、发车间隔时间长、不准时、车内过分拥挤等是造成加纳阿克拉市通勤者不使用公共交通的主要原因。以上研究表明，私家车服务特征和公共交通服务特征均显著影响个体交通方式选择，并且，增加私家车出行成本比降低公交票价更能促进公共交通使用。

1994 年 Frank 和 Pivo，2004 年 Zhang，2006 年 Limtanakool 等，2016 年 Tran 等，2016 年 Munshi，2017 年 Sun 发现城市建成环境和土地利用模式，居住地周围的居住密度、就业密度、土地利用混合度、土地利用均衡指数、公共交通可达性、道路连通性等土地利用特征与公共交通使用存在显著的正相关关系。其中，2017 年 Sun 等利用上海市 856 个工作人员的出行与周边环境信息同时分析了居住地和工作地周边的土地利用特征对通勤出行方式的影响，发现，对于通勤出行方式，居住地周围土地利用特征比工作地更有影响力。以上研究表明，始发地和目的地土地利用模式均会显著影响居民交通方式的选择。

基于以上研究成果，将上述影响因素分成 5 类：第一类为可直接观测的个体与家庭显性特征；第二类为不可直接观测的个体与家庭隐性特征；第三类为出行需求特征；第四类为交通方式服务特征；第五类为住址或目的地的土地利用特征。各类影响因素的常用变量取值及其影响说明分别见表 2-2～表 2-6。

表 2-2　已被检验的个体与家庭的显性特征及其影响说明

影响因素	影响说明
年龄	年龄为 30～50 岁的人，更倾向于私家车出行
性别或家庭中女性比例	女性或女性比例高的家庭，更倾向于公共交通出行
教育水平或年限	教育水平越高，越倾向于私家车出行
月或年（可支配）收入	收入越高，越倾向于私家车出行
有无小孩或小孩个数/比例	有小孩或小孩数量多的家庭，更倾向于私家车出行
是否工作或就业人数/比例	有工作或就业人数多的家庭，更倾向于私家车出行
外出工作人数/比例	外出工作人数多的家庭，更倾向于私家车出行
工作时间是否灵活或其人数	工作时间灵活的人，更倾向于公共交通出行
是否有驾照或驾照数量	有驾照或驾照数量多的家庭，更倾向于私家车出行
是否有私家车或其数量	有私家车或私家车数量多的家庭，更倾向于私家车出行
是否有房产或房产数量	有房产或房产数量多的家庭，更倾向于私家车出行
单位有无通勤班车	对于通勤出行，有班车的个人，不大可能选择公共交通出行

表 2-3　已被检验的个体与家庭的隐性特征及其影响说明

影响因素	影响说明	变量取值
心理偏好	心理不喜欢或厌恶公共交通的人，更倾向于选择私家车	因为隐性特征是不可直接观测到的，研究者通常采用两种途径获取指标值：（1）观测关联行为；（2）设计问卷问题
对时间价值的衡量	对时间价值衡量较高的人，更倾向于选择私家车	
对环境保护的责任心	有环境保护责任心的人，更倾向于选择公共交通	
便利性、舒适性、灵活性和安全性的主观感知	较看重便利性、舒适性、灵活性和安全性等特性的人，更倾向于选择私家车	

表 2-4　已被检验的出行需求特征及其影响说明

影响因素	影响说明	变量取值
出行目的	出行需求特征通常改变的是其他影响因素对交通方式选择的影响力，因此其常作为控制变量出现在文献中，如有的文献研究高峰期的通勤出行或中长距离出行	等级变量：通勤（上班、上学）、购物、娱乐等
出行时间		1—高峰期、0—平峰期
出行距离		连续变量

表 2-5　已被检验的交通方式服务特征及其影响说明

影响因素	影响说明	变量取值
出行时耗	两种交通方式的出行时耗差距越大，越有可能选择时耗短的交通方式	两种交通方式的时耗之差、之比或者对数比
出行成本	两种交通方式的出行成本差距越大，越有可能选择成本低的交通方式	两种交通方式的成本之差、之比或者对数比
燃油价格	燃油价格越高，越有可能选择公共交通	当前燃油价格
停车位可得性	有停车位的个体或家庭，更倾向于选择私家车	住址或单位是否有停车位：1—有停车位、0—无停车位
公交服务质量	服务质量越高，越有可能选择公共交通	可达性、信息可得性等

表 2-6　已被检验的土地利用特征及其影响说明

影响因素	影响说明	变量取值
密度	密度越大，越容易使用公共交通	人口密度、就业密度
土地利用多样性	土地利用混合度越高、专业化指数越小，越容易使用公共交通	土地利用混合度、土地利用专业化指数
土地利用设计特征	连通性越好、土地利用均衡指数越高，越容易使用公共交通	道路连通性、土地利用均衡指数

2.2　公交设施规模与公交车吸引力

公交设施是公交企业向广大公众提供公共客运服务的基础与前提，公交设施建设亦是各国城市优先发展公共交通的基本内容。公交设施规模的增加可以提高公交系统的服务能力，因此，探讨扩大公交设施规模能否增强公交车吸引力是公共交通领域的重要议题。本书的公交设施规模指的是城市已建成公共交通设施的数量和水平。

公交线路和公交车辆是公交车向公众提供公共客运服务、满足公众日常出行需求的最基本、最不可或缺的服务设施，因此，公交线网规模和公交车辆规模对公交车吸引力的影响研究得到了较多关注。1983 年 de Menezes 和 John 探讨了美国和欧洲城市居民使用公共交通的影响因素。他们采用公交线路网密度（每平方千米线路长度）、车辆保有率（每万人公交车辆数）、人口密度等变量对公交车使用率（每人每年使用公交车的次数）进行了回归分析。结果表明，公交线路网密度是影响欧美城市公共交通使用的最重要因素。1991 年 McLeod 等为夏威夷檀香山公交车客流量建立了两个多元时间序列回归模型。结果表明，票价、公交车辆数和车辆运营里程是影响公交车客运量的主要因素。因此，降低票价、增加公交车辆、建设密集的公交线网均是能够有效增强公交车吸引力的交通政策。2014 年 Chen 等采用了万人拥车率（每万人公交车辆数）、公交线网密度（每平方千米线路长度）、车辆密度（每千米线路车辆数）3 个指标代表公交设施规模，并应用中国 645 个城市 2002—2008 年面板数据、利用面板回归变系数模型对人均公交出行次数（每人每年使用公交车的次数）进行了回归分析。结果表明，以上三个公交设施规模指标对人均公交出行次数均显示出显著的积极影响。此外，2011 年 Sung 和 Oh 亦发现了公交线路条数和站点数对公交车客流量存在显著的影响。

上述文献中，虽然公交设施规模指标选择不尽相同，但均被检验出对公交车吸引力具有显著的积极影响。然而，公交设施规模是如何影响公交车吸引力的？两个变量间的影响机制尚不清晰。实际上，在已有文献中，公交设施规模不仅衡量了一个城市公交设施的数量和水平，亦在一定程度上反映了公交服务的供给水平，即设施规模越大，其产出的公交服务就越多，而更多的公交服务产出带来了更多的公共交通需求。然而，设施规模越大，其产出的公交服务就一定越多吗？有趣的是，公交设施规模与服务产出量间存在投入-产出的关系，而这种关系正好可以采用技术效率来衡量。因此，公交设施规模、技术效率与

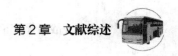

公交车吸引力间的作用关系值得进一步关注和研究。

2.3 公交服务质量与公交车吸引力

2.3.1 公交服务质量的概念

服务质量是服务能够满足规定和潜在需求的特征和特性的总和,是指服务工作能够满足被服务者需求的程度。同时,城市公共交通指在城市范围内运用公共客运工具向公众提供旅客运输服务的交通方式。因此,公共交通服务质量(简称公交服务质量)可理解为城市公共交通系统生产的客运服务能够满足公众出行需求的程度。而关于公交服务质量的测量,行业内和学术界并没有统一认同的标准。

实践应用中,各国政府基于不同的发展目标纷纷推出了不同的公交服务质量考核标准。欧盟标准将公交服务质量分为有效性、可达性、信息、时间、乘客关爱、舒适、安全和环境影响 8 个维度。2013 年,为指导公交都市建设、科学评价公交都市创建成效,交通运输部印发了《公交都市考核评价指标体系》(交运发〔2013〕387 号)(以下简称《体系》)。《体系》共有 20 个考核指标和 10 个参考指标,例如,公共交通站点 500 米覆盖率、万人公共交通车辆保有量、公共交通正点率、早晚高峰时段公交车平均运营时速、早晚高峰时段公共交通平均拥挤度、公交车责任事故死亡率、乘客满意度等,为评估我国公共交通发展水平和服务质量提供了重要依据。

理论研究上,学者基于不同的研究目标和研究层面亦选取了不同的公交服务质量测量指标。城市层面上,2004 年 Chien 和 Qin,2006 年邵祖峰,2017 年窦雪萍等选取了公交专用道长度或公交专用道比例、公交线路站点密度、公交车平均时速、准点率、换乘系数、满载率、车辆事故率等指标来代表城市的公交服务质量。个体层面上,2010 年殷焕焕等,2012 年 Sharaby 和 Shiftan,

2015 年 Idris 等，2016 年 Epstein 和 Givoni 则选取票价、出行时长、步行到站时间、等车时长、换乘次数、拥挤程度等指标来代表公交服务质量。

　　实际上，不论是实践应用还是理论研究，公交服务质量的测量指标均可分为供给导向型指标和需求导向型指标两类。供给导向型指标站在政府和公交企业的角度描述的是公共交通系统向广大公众提供了"什么样"的公交服务，例如，公交正点率、平均时速、换乘率、事故死亡率等；而需求导向型指标站在公交乘客角度描述的是广大公众在公共交通系统中到底得到了"怎样"的公交服务，例如，等车时长、换乘次数、拥挤程度、乘客满意度等。然而，两类指标对公交服务质量的测量存在一定偏差。对此，本书选择需求导向型指标来衡量公交服务质量，理由是：本书的公交服务质量与公交车吸引力研究是为了探讨提高公交服务质量能否转变私家车拥有行为和私家车使用者的交通方式选择行为，因此，这里的公交服务质量应是站在需求角度可以被每个乘客识别、评估的。

2.3.2　提升公交服务质量的理论依据

1. 计划行为理论

　　计划行为理论是解释出行者交通方式选择行为最常用的理论之一。计划行为理论是 1991 年 Ajzen 提出的，他认为，所有可能影响实际行为的因素都是通过行为意向来间接影响的，其中，实际行为（behavior）是指个体在实际情况下采取的实际行为，而行为意向（behavior intention）是指个体对于执行和实施某种行为的主观愿望。同时，行为意向受到行为态度（attitude towards behavior）、主观规范（subjective norm）和感知行为控制（perceived behavioral control）的直接影响。行为态度是指个人对某项行为表达出来的持续性的喜欢或不喜欢的预设立场，也可说是个人对某项行为所抱持的积极或消极的态度；主观规范是指个人在采取某项行为时所感受到的来自家人、朋友和社会团体等社会压力的认知；感知行为控制是指个人预期在采取某项行为时自己所感受到可以控制（或掌握）的程度，当个体所预料的障碍越少，并认为自身拥有更多的机会和资源，则其感知自己的行为控制程度越高。

在交通方式选择行为中，如果公交车提供高质量的客运服务，大部分出行者就会对公交出行存在积极的态度，例如，认为公交车是环保的、便利的、安全的；对公交出行存在正向的主观规范，例如，家人、朋友、同事都使用公交车出行；对公交出行存在较强的感知行为控制，例如，依据以往经验知道乘坐公交车可以避开高峰拥堵，那么出行者选择公交出行的意向会更强烈，实际选择公交出行的概率就会越高。

2. 消费者选择理论

人们选择何种交通方式到达目的地是每个人在出行前都要面临的决策问题，而这实际上是一种消费行为。因此，基于消费者选择理论（亦称效用最大化理论）的离散选择模型被许多学者用于解释出行者交通方式的选择行为。效用是经济学中的常用概念，用于评价消费者在消费过程中需求获得满足的度量。消费者选择理论认为一个人在一系列备选方案中会选择效用最大的方案，即效用最大化。假设某出行者 n 有若干备选的出行方案，这些方式组成一个集合 A_n，其中 j 方案的效用为 U_{jn}，则出行者 n 从备选方案中 i 方案的条件为：$U_{in} > U_{jn}$，$i \neq j$，$j \in A_n$。

此类研究中，公共交通的出行时耗和出行成本是常用于衡量公共交通效用的指标。此外，公共交通的可达性、信息可得性等其他属性亦是影响公共交通效用的因素。总的来说，提高公交服务质量可以增加公共交通效用，进而促使更多的人选择公共交通出行。

3. 其他理论

以消费者选择理论为基础的离散选择模型可以将所有可能影响个体交通方式选择的因素纳入模型，从而最大程度模拟出行者的交通方式选择行为，但该模型忽略了出行者在进行交通方式决策时对其他出行者的影响。实际上，出行者对不同交通方式间的选择行为，既可以理解为不同交通方式间的竞争，又可理解为交通系统中不同出行者之间的博弈过程，每个出行者最终选择的交通方式都会影响到其他出行者的效用。因此，2004 年林震和杨浩，2015 年 Wu 等，2017 年张思佳等，2019 年何文祥和杨旭等学者将博弈论应用于交通方式选择行为分析。

基于有限理性理论，2009 年陈星光等，2019 年巫娜燕和吉选分析了出行者的交通方式选择行为，运用演化博弈理论建立了出行者的交通方式选择模型，分析了交通方式结构的演化过程，并重点探讨了公共交通与私家车两种交通方式的选择演化博弈模式，得出：降低公共交通总出行成本可以使出行方式朝着私家车出行比例逐步降低、公共交通出行比例逐步提高的方向发展，最终趋向演化稳定平衡状态。而能够有效降低公共交通总出行成本的政策措施就是降低票价，以及减少步行时间、等待时间、换乘时间、乘车时间等，综合起来就是提高公交服务质量。

时间价值理论认为公交服务质量，如便利性、舒适性等，能够影响出行的单位时间成本。简单来说，在不舒服的环境中等待公交车 10 min，感觉就像过了 30 min，而在舒适的公交车上休息或闲谈 1 h，却感觉时间飞快。对此，2008 年 Litman 等发现，提高公交运行速度可以缩短乘坐时间而降低总成本，但相较于速度，公交准时性具有更高的单位时间成本，即每延迟 1 min 的单位时间成本是车内时间的 3～5 倍（不包括两到三分钟的正常延误）。步行到站、出站和等待时间的单位成本通常是车内时间的 2～5 倍。换乘一次相当于 5～10 min 的车内时间。例如，大部分乘客会选择 40 min 的公交服务，而不是只需 30 min、但需要换乘一次的公交服务。Litman 认为，如果公交服务是便利的、舒适的，公交出行的单位时间成本比私家车更低，因为公交出行能感受到更小的压力，并且可以休息、娱乐或工作。在这种情况下，公交出行的单位时间成本是当前平均工资的 25%～35%，而私家车出行的单位时间成本是当前平均工资的 35%～50%。然而，现实中的公交车通常是不便利的、不舒服的，导致公交出行的单位时间成本高于私家车，其表现即为公交车吸引力低于私家车吸引力。

2.3.3 实证研究文献综述

公交服务质量对公交车吸引力的影响通常由公交服务质量的某方面属性

是否增加了公交车客流量或改变了出行个体的交通方式选择行为来衡量。在众多公交服务质量属性中，可靠性被认为是决定公交服务质量的最重要因素。公交服务可靠性指的是公共交通实际服务与线路时刻表的匹配程度。2006 年 Davison 和 Knowles 认为，公交专用道为公交车提供了专属道路，使其较少受到交通堵塞的影响，在一定程度上保障了公交车的可靠性。他们评估了英国大曼彻斯特地区公交专用道项目，结果表明，公交专用道显著地增加了该地区的公交车客流量。2010 年 Hensher 等重点研究了新增公交专用道和车站对英国泰恩和威尔镇公交车客流量的影响。结果显示，在前两年中，该地区公交车客流量增加了 40%，并继续呈上升趋势。而且，笔者亦强调，除了可靠性，公交服务频率和舒适性的改善亦是引起公交车客流量增加的重要因素。总的来说，改善后的公交服务吸引到了更多的客流。

增加可达性一直是公共交通吸引更多乘客的重要手段之一，可达性指人们获得公交服务的难易程度。2009 年 Loader 和 Stanley 检验了在将公交线路延伸至低收入的郊区并提供周末和夜晚的公交服务后，澳大利亚墨尔本公交车客流量的变化。结果发现，与其他的公交服务较差的郊区相比，该地区的公交车客流量显著增多。2014 年崔维军和罗玉在探讨城市居民气候变化风险认知对其出行方式的影响研究中发现，居住地距最近公共交通设施的距离显著影响居民的交通方式选择行为。距离每增加 500 m，居民选用私家车出行的概率就会提高 74.5%。因此，可达性是影响居民出行是否选择公共交通方式的重要因素。

快速性亦是决定公交服务质量、影响公共交通需求的重要因素，快速性是指在两个指定地点间乘坐公共交通所需花费的时间。公交专用道或快速公交（bus rapid transit，BRT）提升了公交车运行速度，直接提高了公交快速性。2016年 Satiennam 等应用泰国坤敬市居民 SP 调研数据检验了 BRT 对有私家车居民（包括小汽车和摩托车）的交通方式转移的影响，发现 BRT 因为更高的速度可显著吸引私家车居民到公交车。提高发车频率可以通过减少等车时间进而缩短公交出行总时长，亦可提高快速性。对此，2016 年 Kaffashi 等应用随机参数 Logit 模型检验了改善公交服务对马来西亚私家车居民的交通方式选择行为的影响，结果发现了公交发车频率在提升公交车吸引力上的积极作用。

公交票价是乘客使用公交车时需要支付的货币成本。相较于得到的公交服务，票价反映了公交服务的经济性，是公交服务质量的重要属性。关于公交票价和公交车吸引力，2007 年 Webb 等发现"Senior Sunday"（维多利亚州的老年人能够在星期日在大都市区内免费乘坐公交车）和"Sunday Saver"（在星期日以非常低的价格不受限制地在墨尔本乘坐公交车）两个项目的实施迅速增加了公交车客流量。2002 年 Perone 和 Volinski 亦发现，美国得克萨斯州奥斯汀市一家中型公交公司提供的免费公交服务增加了 75% 的公交车客流量。然而，新增的客流惹恼了原本使用公交车的人，从而导致先前的付费乘客要求恢复收费。由此可见，安全性和舒适性似乎比免费乘坐更重要。

舒适性描述了乘坐公交车的舒适程度，直接影响着乘客乘坐公交车时的主观感受。2004 年 Foote 探讨了芝加哥市公交服务改进措施的影响，而这些改进措施与舒适性有关，如车辆整洁度、车内温度和座位数量等。结果显示，实施公交改进措施后，芝加哥市公交车客流量增加了 5%，且随后对 2 400 名乘客进行的调查显示，他们对车辆拥挤（7%）、安全性（6%）、座椅可用性（5%）、车内温度（5%）和上车便利性（3%）的满意度显著提高。

综上分析，提高公交服务质量可对公交车吸引力产生显著的积极影响。而关于公交服务质量的不同属性与公交车使用的关系，2013 年 Redman 等认为，票价是吸引人们使用公共交通的初始动力，而公交服务质量的其他属性是决定人们能否持续地维持这种行为的关键因素。

2.4 私家车管制与公交车吸引力

增加公交设施与提升公交服务质量是希望通过发展公共交通本身来吸引更多的出行者，而私家车管制是通过管控、限制公交车最大的竞争者来削弱私家车出行的优势，进而达到间接增强公交车吸引力的目的。因此私家车管制对公交车吸引力的影响研究一直得到广泛关注。

2.4.1　私家车管制的概念

交通拥堵、环境污染等问题是社会人口、经济发展到一定程度后，世界各国城市普遍面临的一个问题。为缓解这些问题，优先发展公共交通成为各国政府和民众的共识。而在优先发展公共交通政策中，除了大力优先发展公共交通外，许多国家和城市亦采取强力的措施来管制私家车的使用。尤其是在经济发达、人口密集、土地资源有限的地区，在经历了私家车的快速增长后，均采取了积极的政策对私家车出行进行了严格的管控和限制。

新加坡常被视为管制私家车成功的典范。新加坡通过拥车证制度、登记费及附加费等措施对私家车保有量进行控制；通过中心区电子道路收费系统（electronic road pricing system）对私家车使用进行调节。中国香港采取的是严格的停车位指标控制、高额停车费、高额燃油税等政策，伦敦实行的是拥挤收费（congestion charging）和低排放区收费政策。上海市早在1994年就开始对私车牌照实行有底价、不公开拍卖的政策，后于2000年将拍卖方法改为无底价、公开拍卖。北京市从2008年开始实行尾号限行政策，2011年又开始通过车牌摇号的方式来控制私家车保有量。

总结国内外关于管制私家车的实践经验，本书认为私家车管制是优先发展公共交通的重要内容，指的是运用法律、经济、行政等手段，在私家车拥有和使用环节上加以管控和限制，以期有效调控、合理引导个体机动化交通需求。私家车管制旨在减少出行个体对私家车出行的依赖，促进个体出行向合乘车、公共交通等更高效集约的出行方式转变，减少城市机动化出行总量，进而缓解城市交通拥堵、环境污染、资源紧缺等问题。

2.4.2　私家车管制理论依据

私家车管制的最终目标是通过减少城市机动化出行总量来缓解交通拥堵等城市问题，其理论依据是由1920年Pigou教授提出的交通拥堵定价理论。经济学中，最基本的概念之一是供给与需求，而道路交通的供求关系不同于一般商品。对于一段道路来说，它的供给是单位时间内能够通过的车流量，而它的需求则与复杂的城市结构、交通行为等问题有关。同时，道路交通的供求有一个重要特点：当需求达到一定水平后，新的需求将会导致供给的减少。这是因为，道路上的车辆越多，车流的速度就会越慢，那么单位时间内该路段能够通过的车流量就越少。换句话说，新的使用者的加入会增加其他所有使用者的使用成本。而且，对其他使用者增加的使用成本，新的使用者不需要支付，也不需要考虑。这种个人成本与社会成本之间的不一致将会导致需求与供给的扭曲，即均衡需求大于实际供给，从而产生交通拥堵问题。

　　交通拥堵定价理论可以用图 2-1 表示：D 代表交通需求曲线，它也等同于个人边际收益和社会边际收益；MPC 代表个人边际成本；MSC 代表社会边际成本。如果道路通畅，MSC 等于 MPC；而当发生交通拥堵时，MSC 必然大于MPC。在自由市场条件下，交通供求的均衡点在个人边际收益等于个人边际成本的交叉点 A 处，其对应的车流量为 N_1。而对于全社会而言，最优均衡点应在社会边际收益等于社会边际成本的交叉点 B 处，其对应的车流量为 N_2。N_1 与 N_2 的差值越大，表示拥堵越严重。此时，如果对道路的每个使用者收取 r 的堵车费的话，让个人边际成本 MPC 等于社会边际成本 MSC，则交通供求的新均衡点就是 B 了，正好是道路不发生拥堵的最优点。r 即为著名的最优道路收费。

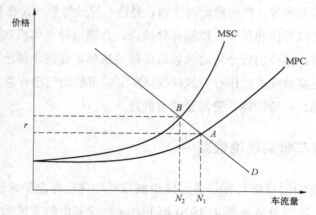

图 2-1　交通拥堵定价理论示意图

　　交通拥堵定价理论明确地指出：交通设施使用者必须支付实际的社会边际成本才能解决拥堵问题，即对社会造成负担的外生成本应该包含在交通服务的价格中。因此，征收拥挤费、停车费、燃油税等经济手段均是通过增加个人的边际成本来减少私家车交通需求；而限购、限行等交通控制手段是通过降低需求从而使新的均衡点处于一个不那么拥堵的水平。

2.4.3　实证研究文献综述

　　交通拥堵定价理论直观地表述了私家车管制对道路车流量的影响，但在具体实践中，私家车管制对公交车吸引力的影响主要体现在人们是否因为私家车管制的实施而改变了他们的出行行为。对此，许多学者分析了具体的私家车管制措施对交通方式选择行为的影响。

　　交通拥挤收费政策是被研究得最广泛的私家车管制措施之一，其对公交车吸引力的积极影响得到了 2007 年 Fiorio 和 Percoco，2016 年 Kaffashi 等许多研究的肯定。2016 年 Agarwal 和 Koo 在新加坡交通拥挤收费政策背景下，分析了交通拥挤费率对通勤者交通方式选择的影响，发现如果早高峰时期的交通拥挤费率提高 1 美元，转向公共交通出行的出行者会增加 12%～20%，而晚高峰时期转移 10%需要交通拥挤费率提高 0.5～1 美元。并且，低收入人群的交通方式选择行为对交通拥挤费率更敏感。虽然我国未实行拥挤收费政策，但我国学者邵长桥、王伟和郑长江、任刚等应用 SP 调研方式探讨了我国居民对拥挤收费政策的反应。2014 年王伟和郑长江发现，交通拥挤收费政策的实施将主要对低收入且不满交通现状者产生影响，使其放弃开车出行，且有相当一部分居民会转向公交车。2014 年任刚等认为女性、低收入者、IC 卡持有者、短途和高频出行者在面对拥挤收费政策时，更容易放弃私家车。虽然不同文献对拥挤收费政策的目标人群特征描述存在差异，但 2014 年眭荣亮和谭建春发现低收入是最易受到拥挤收费影响的人群的共同特征。

　　停车费是私家车使用成本的重要组成部分，增加停车费可以粗略地补偿私家车出行者的个人边际成本。同时，因为停车收费操作简单，实施成本低，因此差异化停车费政策成为各国政府调节区域交通流量的主要手段，其对私家车出行者的交通方式选择行为的影响受到 2006 年 Albert 和 Mahalel，2010 年包丹文等学者的广泛关注。2001 年 Tsamboulas 通过询问私家车出行者"如果停车费增加 50%、50%～100%或 100%～200%，还继续使用私家车吗？如果选择不使用，则是使用公共交通还是取消行程？"问题获得雅典中心商务区出行者的 SP 数据，探讨了停车费增加对私家车出行者的交通方式转移的影响。研究发现，停车费增加可显著转变私家车的出行行为，且停车费用越高，效果越显著。2015 年张磊基于乌鲁木齐市 2014 年停车行为调查数据，分析不同停车费率条件下的私家车与公共交通出行比例的变化趋势发现，当乌鲁木齐市停车收费价格上涨至 12 元/h，约有 32%的私家车使用者将会放弃私家车出行而选择公交出行，说明停车收费政策的经济杠杆作用明显，是行之有效的私家车管制措施。

交通拥挤收费政策和停车费政策均是通过增加私家车出行者的边际成本来减少使用道路的需求，其对降低私家车交通需求从而增加公共交通需求的积极影响达成了广泛共识。相较于以上两条措施，私家车限行政策对私家车出行行为的影响一直备受争议。2008 年李春艳等，2011 年 de Grange 和 Troncoso 等学者认为私家车限行政策可显著减少个体交通需求、增加公共交通需求。但2004 年 Loukopoulos 等，2010 年谢旭轩等另一些学者认为限行政策只是改变了私家车的出行时间，或通过购置第二辆车来规避限行政策。2016 年杨雨等以天津市为例，研究了市区不同路段在私家车限行政策实施前后，机动车在不同时段的流量变化。研究发现，实施限行政策的工作日，早高峰前路口车流量最大增长了 23.7%，这说明限行政策使人们有采取提早出行的方式来规避限行政策的趋势。限行后周末的车流量增加比例为 8%～22%，这表明工作日限行政策的实施，使得人们将一些柔性的出行需求转移到周末，增加了周末出行的需求和欲望。2014 年 Wang 等估计了北京尾号限行政策对私家车使用的影响发现，尾号限行政策并未显著减少私家车适应和增加公共交通使用。并且 47.8%私家车车主并不遵循限行规则。

总的来说，很多学者基于不同背景从不同角度研究了各个私家车管制措施的实施效果，其中一些证明了私家车管制可以在一定程度上减少私家车使用、增加公共交通使用，起到缓解交通拥堵的作用。与此同时，一些学者进一步发现了公交服务质量对私家车管制措施实施效果的影响。一方面，2001 年 Kingham 等，2010 年 Eriksson 等研究通过比较单独实行私家车管制与实行私家车管制的同时提高公交服务质量两种政策对私家车出行者交通方式转移行为的影响发现，同时实行私家车管制与提高公交服务质量措施对促进私家车出行者转移到公共交通的效果比单独实行私家车管制的效果更好。另一方面，一些文献通过理论模型发现私家车管制能够减少私家车使用、增加公共交通使用是有前提条件的，那就是城市拥有发达的公共交通系统。2012 年徐塱和欧国立根据外部性理论、时间价值理论和交易成本理论建立了交通拥堵费理论模型，发现拥堵费的效果受到其他可替代的交通方式的便利程度的影响，如公共交通。公共交通越发达越便利，征收拥堵费减缓拥堵的效果就越理想。2007 年 Sen 等通过建立一个局部平衡模型分析了交通税费对交通方式转移的影响，发现只要对私人交通进行最优定价，就会导致小汽车居民从私家车转向公共交通，但交通转移的成功还取决于公交服务质量，公交服务质量可提高自身价格弹性和交叉价格弹性，进而更多的影响交通方式转移。2016 年 Liu 等应用计划行为理论和结构方程模型构建了出行者交通方式决策模型，发现如果不提高公交服务质量，单独实行私家车限行政策是无法有效地使私家车出行者转移到公共交通的。不论是实证研究还是理论模型，两类研究均显示出公交服务质量对私家车管制可能存在正向调节效应。

2.5　公共交通技术效率评价

2.5.1　技术效率的定义

技术效率指的是一个生产单元的生产过程达到该行业技术水平的程度。技术效率反映的是一个生产单元技术水平的高低，因此称为"技术"效率。技效率可以从投入和产出两个角度来衡量：1957 年 Farrell 从投入的角度给出了技术效率的定义，即在相同产出的情况下生产单元理想的最小可能性投入与实际投入的比率，比率越大代表技术效率越高；1966 年 Leibenstein 从产出角度给出了技术效率的定义，即在相同的投入下生产单元实际产出与理想的最大可能性产出的比率，同样地，比率越大代表技术效率越高。

城市发展公共交通的一个重要目标是实现财政预算约束下的运输成本最小化，或运输量最大化。按照技术效率的定义，如果公共交通在有限的资源投入下能够生产尽可能多的产出，如车辆运营里程，那么公共交通就是技术有效的。因此，依据技术效率定义和公共交通发展目标，本书给出公共交通技术效率的定义：在相同产出（如等量的车辆运营里程）情况下公共交通系统理想的最小可能性投入（如运营车辆数、线路长度、从业人数）与实际投入的比率；或者在相同的投入下（如等量的运营车辆数、线路长度、从业人数）公共交通系统实际产出（如车辆运营里程）与理想的最大可能性产出的比率。由以上定义看出，技术有效的公共交通系统能够充分利用现有资源产出尽可能多的公交服务，而技术无效率的公共交通系统牺牲了本应该被生产出的公交服务，造成了对现有资源的浪费。

2.5.2　公共交通技术效率评价综述

近年来，关于公共交通技术效率的评价分析累积了大量文献。总结已有文献，其评价方法大致可以分成两类：一类是以随机前沿分析（stochastic frontier analysis，SFA）为代表的参数分析法，另一类是以数据包络分析（data envelopment analysis，DEA）为代表的非参数分析法。两种方法均无绝对优势，各有优劣。但相较于 SFA 方法，DEA 方法因为可以有效地避免主观确定权重的缺陷并能够捕捉多个投入和产出之间的相互作用信息从而得到更广泛的应用。

DEA 方法是由 1957 年 Farrell 提出并由 1978 年 Charnes 等发展起来的。它是根据多项投入和产出指标，利用线性规划的方法，对同类型单位进行相对有效性评价的一种数量分析方法。CCR（charnes-cooper-rhodes）模型和 BCC（banker-charnes-cooper）模型是 DEA 方法中最基本、应用最广泛的两个模型。CCR 模型假设规模报酬不变（constant returns to scale，CRS），其得出的技术效率不仅包含技术效率的成分，而且包含了规模效率的成分，因此通常被称为综合技术效率。BBC 模型基于规模报酬可变（variable returns to scale，VRS），得出的技术效率排除了规模的影响，因此被称为纯技术效率。与此同时，许多学者为提高 DEA 模型的适应性和判别能力，对 DEA 模型进行了改进。例如，考虑到公交企业可能会生产非期望产出（如二氧化碳排放量），同时，一些产出只能取整数（如事故数），2012 年 Chen 等提出了带有非期望投入和产出的整数 DEA 模型。2004 年 Boame 将自举法（bootstrap）和 DEA 方法相结合，提出了 bootstrap-DEA 方法，该方法通过估计效率值的平均偏差和置信区间来提高模型精度。2014 年李学文和徐丽群利用 Gini 系数提高了超效率 DEA 的判别能力，降低了传统 DEA 效率易受指标维数影响的缺陷。

DEA 评价结果容易受到投入和产出指标选择的影响。根据 2006 年 Tsamboulas，2012 年 Karlaftis 和 Tsamboulas，2012 年 Chen 等的研究，分别代表资本、能耗和劳动力 3 种生产要素的运营车辆数、燃料消耗和从业人员数是公共交通技术效率评价中最常用的投入指标。此外，研究者会依据不同的研究目的选取其他成本型指标作为投入变量。例如，2011 年王欢明和诸大建在测算运营效率时采用万人拥有公交车辆数和公交线路网长度为投入指标。为了在公共交通绩效评价中同时考虑公交企业和政府的作用，除了标准车辆数和从业人员数，2018 年 Zhang 等亦将政府补贴额作为投入指标之一。

关于产出指标，车辆运营里程、座位运营里程、公交车客流量和公交乘客行驶公里数均是常被使用的产出指标。然而，因为公共交通服务的特殊性，其产出指标的选取需要更加谨慎。不同于能够生产一个确切产品的产业，公共交通系统的产出是公共交通服务，而公共交通服务不能被储存，即使公交服务不被消费，亦会马上消失。因此，选择车辆运营里程和座位运营里程这种生产导向型指标，和选择公交车客流量和公交乘客行驶公里数这种需求导向型指标会产生截然不同的效率评价结果。一般地，国内外学者将车辆运营里程或座位运营里程作为产出指标计算得到的效率称为技术效率或运营效率（operational efficiency）；将公交车客流量或公交乘客行驶里程作为产出指标计算得到的效率称为服务效能（service effectiveness）；同时使用两种产出指标计算得到的效率称为综合效率（overall efficiency）。特别地，2009 年 Yu 和 Fan，2013 年 Hahn 等，2014 年 Azadi 等，2019 年 Yao 等学者应用网络 DEA 模型将公共交通运营过程分解成生产和消费两个子过程，将车辆运营里程或座位运营里程作为生产过程的中间产出，将公交车客流量或公交乘客行驶公里数作为消费过程的最终产出，同时测算公共交通技术效率、服务效能和综合效率。

2.6　研究现状总结

　　通过对上述相关文献的梳理和回顾，可以发现，国内外学者已经从不同的视角对公交车吸引力展开了丰富的研究。在城市层面上，国内外学者探讨了地理特征、经济特征、人口特征、小汽车服务特征、公交车服务特征、偶然事件和大众心理 7 类因素对公交车客运需求的影响；在个体层面上，个体与家庭显性特征、个体与家庭隐性特征、出行需求特征、交通方式服务特征、住址或目的地的土地利用特征均被发现对个体交通方式选择的显著影响。在公交设施规模与公交车吸引力的研究上，公交线路长度、线路条数、覆盖率、公交车辆数、万人拥车率、服务频率等代表公交设施规模的指标均被检验出对公交车吸引力具有显著的积极影响。在公交服务质量与公交车吸引力研究上，公交服务质量可分为不同属性，而每个属性对公交车吸引力的影响均受到了不同程度的关注。在私家车管制与公交车吸引力研究上，国内外学者亦探讨了私家车停车费水平、交通拥挤收费、限行等私家车管制措施对交通方式选择行为的影响。然而，虽然已有研究比较全面地剖析了公交车吸引力影响因素，但仍存在以下不足：

　　（1）以往研究往往是基于不同国家的公共交通发展背景和出行文化研究公交车吸引力问题，呈现出碎片化状态，其研究内容缺乏对我国城市公共交通发展特点的深刻反映，研究结论亦不能解释当前我国公共交通发展过程中遇到的问题，提出适合我国公共交通发展的策略。

（2）在公交设施规模与公交车吸引力研究中，虽然很多文献发现了公交设施规模对公交车吸引力存在显著的积极影响，但两个变量间的影响机制尚未被构建和验证。

（3）在公交服务质量与公交车吸引力研究中，许多学者分析了公交服务质量、私家车保有量对公交车使用的影响，或者公交服务质量、私家车保有量对私家车使用的影响。然而，公交车使用的增加并不一定意味着私家车使用的减少。将私家车使用和公交车使用分开研究并不利于探讨公交服务质量能否真正转变私家车拥有者交通方式选择行为问题。

（4）在私家车管制与公交车吸引力研究中，现有文献仅发现了实行私家车管制的前提条件是高质量的公交服务，或者两类政策同时实行比单独实行的效果更好，但并未实证检验私家车管制与公交服务质量对公交车吸引力可能存在的交互效应。同时，电动自行车已成为当前中国城市主要的交通工具之一，其过快的发展和无序的使用不仅进一步加剧了交通拥堵，亦带来严重的交通安全问题，而以往公交车吸引力研究只考虑了如何将私家车出行者吸引到公交车，并未考虑电动自行车出行者。

2.7 本 章 小 结

本章首先从城市的公共交通需求研究和个体的交通方式选择研究两个层面对公交车吸引力研究进行了梳理与评述。然后，综述了公交设施规模对公交车吸引力的影响研究；从概念定义、理论依据和实证研究 3 个方面分别综述了公交服务质量与私家车管制对公交车吸引力影响的研究现状。最后，对已有的研究成果进行了概括总结，指出了当前对公交车吸引力研究存在的不足。

第3章

公交车吸引力研究框架构建

3.1 引　言

　　为缓解城市交通拥堵，促进城市交通与城市经济社会的协调发展，2004年建设部发布了《关于优先发展城市公共交通的意见》（建城〔2004〕38号），首次提出了优先发展城市公共交通的重大意义、主要任务目标和一系列政策措施。2005年，国务院办公厅发布了《国务院办公厅转发建设部等部门关于优先发展城市公共交通意见的通知》（国办发〔2005〕46号），城市公共交通优先发展战略在我国开始正式实施。2012年12月，国务院发布了《国务院关于城市优先发展公共交通的指导意见》（国发〔2012〕64号），进一步确立了城市公共交通优先发展战略，公共交通优先发展进入了新的历史时期。中央政府关于城市公共交通优先发展的重大战略决策为城市发展公共交通指明了方向。

　　优先发展公共交通是许多国家采取的一项交通政策，但对其并没有明确的定义，各国采取的措施也不尽相同。根据国外城市实施公共交通优先的内容，再结合我国公共交通优先发展文件中的政策措施，公共交通优先发展大体上可分成两个基本方面，一是对公共交通的扶持，二是对私家车的管制。对公共交通的扶持可理解为：在制度层面保障了公共交通优先发展的地位，在规划层面建立了公共交通优先用地的规划模式，在资金投入层面确立了公共交通优先补贴的顺序，在设施和技术装备层面确立了公共交通优先建设的做法，在道路通行层面确立了公共交通优先通行的权利。总的来说，扶持公共交通就是加大政府投入、增加公共交通基础设施，为广大公众提供安全可靠、经济适用、便捷高效的公共客运服务。对私家车的管制指的是在私家车拥有和使用环节中加以管控和限制，例如，尾号限行政策、拥挤收费政策等。私家车管制措施的作用是增加私家车拥有和使用的难度或成本，使其通行不便。

扶持公共交通措施直接作用于公共交通本身，是公共交通优先发展战略的主体；私家车管制措施作用于私人交通，是优先发展公共交通的重要补充手段，这两个方面被期望的综合效果就是增强公共交通对公众的吸引力，即促使大家选择公共交通出行，从而放弃或少用私家车。而实际上，在扶持公共交通和管制私家车，以及增加公交设施规模、提高公交服务质量与私家车管制措施到底能否增强公交车吸引力以及如何增强等问题正是学术界需要深入研究的问题。而在开始研究之前需要考虑的是：什么是公交车吸引力，如何衡量公交车吸引力？城市公交设施规模指标变量应如何选择？公交服务质量包括哪些属性？私家车管制措施包括哪些，应该选择什么措施作为本书的研究变量？如何构建公交车吸引力研究框架？

为此，本章定义了公交车吸引力，并为其选取合适的测量指标；选择了公交设施规模指标变量；界定了公交服务质量属性；对私家车管制措施进行了界定并选择了研究变量；构建了公交车吸引力研究框架。

3.2　公交车吸引力的定义及指标选择

3.2.1　公交车吸引力的定义

2011 年 11 月，交通运输部发布了《关于开展国家公交都市建设示范工程有关事项的通知》（交运发〔2011〕635 号），认为国家"公交都市"建设的核心就是通过各项科学措施不断提高公共交通系统的吸引力，降低公众对私家车的依赖，从源头上调控城市交通需求总量和出行结构。2012 年，《国务院关于城市优先发展公共交通的指导意见》（国发〔2012〕64 号）明确地将"增强公共交通吸引力和竞争力"作为城市优先发展公共交通的总体目标之一。由此可见，城市公共交通吸引力的强弱是评判城市公共交通成功与否的标准之一。尽管规划、在建的轨道交通线路规模持续增长，但公交车仍是我国大部分城市唯一的公共客运方式。对于无法开通轨道交通的城市而言，公交车吸引力就是公共交通吸引力。那么，什么是公交车吸引力？如何测量公交车吸引力？

物理学中，吸引力即是引力，指具有质量的物体之间加速靠近的趋势。心理学中，吸引力是指能够引导人们沿着一个方向前进的力量，当人们对某个目标或可能得到的东西有相当的兴趣和爱好时，这些东西就会形成对人们的吸引力。依据以上定义，本书的公交车吸引力指的是公交车对所有公众的出行吸引，可理解为一种在交通出行时引导人们使用公交车的力量。

一个城市公交车吸引力的强弱直接影响着每个出行个体的交通方式选择行为，即公交车吸引力越大，当面临公交车与其他交通方式的选择时，更倾向于选择公交车。因此，从个体层面来看，人们在出行时选择公交车的次数越多，或使用公交车的意愿越强，代表公交车吸引力越大。同时，出行个体的交通方式选择行为进一步决定了城市的公交车客运需求。因此，从城市层面来看，在相同城市环境下，公交车客运需求越大，表示该城市公交车能够吸引到的出行个体越多，其公交车吸引力就越强。

综上分析，公交车吸引力可从个体和城市两个层面来表述，且个体的交通方式选择行为决定着城市的公交车客运需求，如图 3-1 所示。实际上，这两个层面的本质区别是研究层次不同：城市层面是研究整个城市或地区的公交车吸引力的整体表现，而个体层面是研究公交车对每个出行个体表现出的吸引力。

图 3-1   公交车吸引力的两个层面

3.2.2   公交车吸引力的指标选择

1. 城市层面公交车吸引力的指标选择

《国务院关于城市优先发展公共交通的指导意见》（国发〔2012〕64 号）明确提出"大城市要基本实现中心城区公共交通站点 500 米全覆盖，公共交通占机动化出行比例达到 60%左右"。此后，2013 年，交通运输部印发了《公交都市考核评价指标体系》（交运发〔2013〕387 号），将"公共交通机动化出行分担率"作为公交都市建设的第一个硬性考核指标。该指标定义为统计期内，中心城区居民选择公共交通的出行量占机动化出行总量的比例。其中，公共交通出行量包括采用公交车、轨道交通、城市轮渡等（不含公共自行车、出租汽车）交通方式的出行量；机动化出行总量是指使用公交车、轨道交通、城市轮渡、小汽车、出租汽车、摩托车、通勤班车、公务车、校车等各种以动力装置驱动或者牵引的交通工具的出行量。

依据以上两个国家文件，公共交通机动化出行分担率代表了使用公共交通出行的人次占所有机动化出行人次的比例，可以衡量一个城市公共交通吸引力的强弱。因此，公交车机动化出行分担率可作为衡量城市公交车吸引力的首选指标，公交车机动化出行分担率越高，代表该城市的公交车吸引力越强。对于未开通轨道交通的城市，公交车机动化出行分担率实际上就是公共交通机动化出行分担率。对于已开通轨道交通的城市，公交车机动化出行分担率可以由公共交通机动化出行分担率乘以公交车客流量与公共交通客流总量的比率计算

39

得到。

公交车机动化出行分担率指标的优势在于简洁概要、便于理解，体现了公交车与其他机动化出行方式间的竞争关系。然而，各城市对公共交通机动化出行分担率指标的概念理解存在差异，各地在统计该指标时，所基于的方式范围、空间范围、时段范围、出行方向以及出行目的等均有较大差异。例如，依据各城市发布的 2015 年的数据，广州市公布的是全市公共交通占机动化出行分担率指标，为 60.0%；昆明市公布的是主城区公共交通占机动化出行分担率指标，为 54.3%；成都市公布的是中心城区公共交通占机动化出行分担率指标，为 42.0%；而上海市公布的是全市公共交通出行分担率指标，为 35.6%。由此可见，由于各城市在交通年报及统计资料中计算方法的差异，应用由公共交通机动化出行分担率推导出的公交车机动化出行分担率指标进行公交车吸引力研究时必将存在局限甚至误导的隐患。

除了公交车机动化出行分担率指标，公交车客流量和乘客行驶里程均能在一定程度上反映居民选择公交车出行的意愿。依据中国城市统计年鉴，公交车客流量是指运送乘客的总人数，其值等于售票数量和刷卡数量，即一张票记一人次，刷一次卡记一人次，该指标侧重公共交通需求角度；而公交乘客行驶里程等于公交车客流量乘以运营公里数，该指标不仅考虑了需求侧，亦考虑了供给侧。然而，考虑到公交乘客行驶里程常被用于公交车效率评价的产出指标，很少有文献将其作为因变量进行研究，而公交车客流量作为因变量已被广泛地分析和讨论，故本书选择公交车客流量作为公交车吸引力的衡量指标。

最后，因为公交车客流量的绝对值受到城市人口规模的极大影响，拥有 50 万人口城市的公交车客流量无法与拥有 500 万人口城市的公交车客流量进行直接比较。因此，本书最终使用公交车客流量的相对值，即人均公交出行次数，来衡量公交车吸引力。这里的人均公交出行次数等于公交车客流量除以城市常住人口数，表示城市中每人每年使用公交车的次数，其数值越大代表公交车吸引力越强。

2. 个体层面公交车吸引力的指标选择

应用离散选择模型进行交通方式选择行为研究大多采用两种方式获取出

行者交通方式的选择信息：一种是采用 RP（revealed preference）调研获得出行者真实的交通方式选择行为；另一种是采用 SP（stated preference）调研获得出行者在某种假定情境下可能发生的交通方式选择行为。

RP 调研的特点是调查内容是已经发生过或者现在正在发生的事情，代表了研究对象的显在化偏好。RP 调研认为选择的结果是由实际的选择行为和选择条件决定的，选择的结果代表了一种偏向。在交通出行调查中，交通方式选择行为从客观角度表征了公交车吸引力。具体来说，选择公交车出行意味着公交车对该出行者是有较大吸引力的，而选择私家车出行意味着公交车对该出行者具有较小的吸引力。

SP 调研是通过研究对象对假定的情境进行主观分析，然后根据个人喜好选择结果。SP 调研的特点是调查内容是尚未发生的事情，代表了研究对象的隐在性偏好。SP 调研同样认为选择的结果是在一系列相关因素的影响下进行的。在交通出行意向调查中，公交车出行意愿常被设定为选项，而新的、未实施的交通政策被设定为选择条件，以此预测新的交通政策对交通方式选择行为的影响。因此，公交出行意愿从主观角度表征了公交车对出行者的吸引力，即公交出行意愿越强表示公交车吸引力大。

RP 数据因为调查的是真实的选择行为，具有较高的可靠性，但是无法描述当前不存在情况下的选择；而 SP 数据正可以弥补 RP 数据的缺陷，SP 调研可以根据研究需要设定选择条件和选项，使得研究更有针对性。但是，因为人们的行为结果与意向结果间可能存在不一致的问题，SP 调研的可靠性常受到质疑。故而，2015 年 Idris 等，2016 年 Heinen 等研究人员为了相互弥补两类数据的不足，将 RP 数据和 SP 数据融合起来，提高了研究结论可靠性。

综上所述，本书最终选择人均公交出行次数指标测量城市层面上的公交车吸引力；选择客观的交通方式选择和主观的公交出行意愿两个指标来测量个体层面上的公交车吸引力，其中，客观的交通方式选择行为数据由 RP 调研得到，而主观的公交出行意愿数据由 SP 调研得到。

3.3 公交设施规模指标的选择

由 2.2 节可以看出，衡量公交设施规模的指标众多，为其选取合适的指标变量是进行公交设施规模与公交车吸引力研究的基本前提。

在公交设施规模指标中，以公交线路长度、线路条数和覆盖率为代表的描述公交线路规模的指标，和以公交车辆数、万人拥车率、服务频率为代表的描述公交车辆规模的指标是最常用的指标变量。其中，覆盖率指的是公交线路长度与城市建成区面积的比值，该比值反映了城市内能够被公交服务辐射或覆盖的广度和深度；比值越大，意味着该城市单位面积上的公交线路越长，居民能够得到的公交服务可能就越多。万人拥车率指的是公交车辆数与城市常住人口的比值，该比值反映了每万人拥有的公交车辆数；比值越大，意味着每个居民可以配备更多的公交车提供服务。服务频率指的是公交车辆数与公交线路长度的比值，该比值反映了城市内单位线路长度上能够运营的公交车辆数；比值越大，说明单位线路长度上运营的公交车的数量越多，其发车频率可能即越大。

因此，参考已有研究，再结合本书研究背景和研究目标，本书最终选择公交线路长度和万人拥车率两个指标来衡量公交设施规模，理由是：第一，新增、延长公交线路、投放更多公交车辆是我国城市建设公交设施的首要内容，因此，公交线路长度和公交车辆数成为衡量公交设施规模的首选指标；第二，城市层面的公交车吸引力是以人均公交出行次数衡量的，对于公交车规模，亦应消除人口规模的影响，因此选择万人拥车率指标取代公交车辆数指标；第三，在数据可得性方面，相较于公交站点数，公交线路长度、公交车辆数和常住人口数均是被地方政府广泛披露的指标，更易于统计和比较。

3.4　公交服务质量属性的界定

由服务质量的定义可知，服务质量是生产的服务满足需求的特征和特性的总和，因此，界定公交服务质量属性是进行公交服务质量对公交车吸引力影响研究的基础与前提。国内外关于公交服务质量衡量或评价的研究已累积了大量文献，但是，因为每个城市的社会人口特征、地理因素、政治法律制度、交通发展水平与出行文化不同，评价公交服务质量所采取的角度和指标也不尽相同。因此，本书分别从国外与国内两类文献着手界定公交服务质量属性。

首先，总结分析国外文献，将常用的公交服务质量属性和测量指标汇总于表 3-1。可以看出，国外文献将公交服务质量大体上分为了可靠性、可达性、快速性、便利性、舒适性和票价水平 6 个属性，分别衡量了公交服务与线路时刻表的匹配程度、获得公交服务的难易程度、乘坐公共交通所需时长、使用公共交通的方便程度、乘坐公共交通的舒适程度和公交票价水平。

表 3-1　国外文献公交服务质量属性

属性名称	文献来源	常用指标
可靠性（reliability）	2001 年 Rietveld 等，2002 年 Parkan，2006 年 Davison 和 Knowles，2009 年 Cantwell 等，2009 年 Filipović 等，2010 年 Too 和 Earl，2011 年 Klöckner 和 Friedrichsmeier	公交车辆到站偏离时长，公交专用道长度，车辆事故数，是否存在公共交通罢工事件
可达性（accessibility）	2001 年 Hunecke 等，2004 年 Chien 和 Qin，2004 年 Rodriguez 和 Targa，2009 年 Loader 和 Stanley	与最近公交站的距离，步行到最近公交站所需时长，公交线路站点密度
快速性（speed）	1967 年 Quarmby，2002 年 Ben-Akiva 和 Morikawa，2003 年 Lee 等，2003 年 Levinson 等，2005 年 Pucher 等，2007 年 Walker 等，2010 年 Federal Transit Administration，2016 年 Satiennam 等	公交专用道长度，出行时间，车内时间，等待时间，发车间隔时长，小汽车与公交车出行时间差值
便利性（convenience）	2001 年 Abdel-Aty，2011 年 Frondel 和 Vance，2004 年 Matas，2012 年 Sharaby 和 Shiftan，2015 年 Idris 等	换乘次数，换乘时间，是否直达，综合票务系统（或者一卡通），公交信息服务系统

属性名称	文献来源	常用指标
舒适性（comfort）	2003 年 Lee 等，2004 年 Foote，2007 年 Wall 和 McDonald，2016 年 Kaffashi 等，2017 年 Chakrabarti	车内清洁程度，座位率，拥挤程度，车内温度，是否便于上下车
票价水平（pricing）	2002 年 Perone 和 Volinski，2006 年 de Witte 等，2007 年 Webb 等，2009 年 Thøgersen，2008 年 Thøgersen 和 Møller，2012 年 Sharaby 和 Shiftan	票价价格，免费票价，优惠票价，免费换乘，相对于服务质量的票价水平

而国内文献中，2004 年杨兆升将公交服务质量分为 7 个属性，即安全性、方便性、迅速性、准确性、舒适性和经济性。其中，安全性的常用指标有公交车辆事故率、公交安全运行间隔里程等；方便性的常用指标包括公交服务间隔时间、换乘率、乘车难易程度等；迅速性的常用指标有公交车运送时间、乘客出行时间等；准确性的常用指标是公交车准点率；舒适性的常用指标是公交车满载率、公交车座位率、投诉率等；经济性的指标是乘客交通费率。通过对比以上两种不同的属性划分，可以发现，国内文献中的方便性等同于国外文献的便利性，迅速性等同于国外文献的快速性，准确性等同于国外文献的可靠性，经济性等同于国外文献的票价水平。与此同时，国内文献较国外文献多了安全性，少了可达性。且进一步分析发现，国外文献提出的可靠性包含了安全因素，而国内文献提出的方便性包含了可达性。由此可见，国内外文献对公交服务质量属性的界定在大体上是相同的，只是在选择具体评价指标时存在些许差异。

综上分析，本书综合考虑国内外研究成果，将公交服务质量界定为经济性、可达性、便利性、快速性、准确性、舒适性和安全性 7 个属性。这将使得公交服务质量评价更加全面、具有针对性。

3.5 私家车管制措施的界定及变量选择

依据 2.4.1 节中私家车管制的定义以及国内外关于管制私家车的实践经验，从实施手段来看，私家车管制措施可分为经济性措施和行政性措施两类。

经济性措施通常与出行成本挂钩，即通过经济手段增加私家车拥有者和使用者需要支付的拥有或使用成本，具体措施包括：① 拥挤收费措施，该措施是对特定的时段和路段上的车辆实行收费，以从时间和空间上来疏散交通量，实现道路资源的有效利用，达到缓解交通拥堵的目的，该措施以伦敦和新加坡为代表；② 低排放区收费措施，该措施指为改善区域空气质量，针对机动车等交通工具专门设定污染物排放限值的区域，其直接目的虽然不是缓解交通拥挤，但也起到了减少私家车使用的效果，该措施以伦敦和米兰为代表；③ 差别化停车收费措施，该措施是指对于不同区域、不同类型、不同时段的停车设施采取不同的收费标准，该措施借助价格杠杆的调节作用降低市中心私家车使用强度，控制停车需求；④ 汽车牌照拍卖措施，该措施是指购车者通过车牌拍卖的形式获得为自己购买的车辆上牌的许可，拥有在市区使用机动车的权利，该措施以上海为代表；⑤ 车辆购置税措施，该措施是指购买新车时除支付车款外，还要交纳额外的税，在我国，购置税额是征收汽车售价（不含税价）的 10%。

　　行政性措施指政府通过实施强制性的措施来管制私家车的拥有和使用，具体措施包括：① 限购措施，该措施指通过车辆配额对私家车拥有进行控制，以有效遏制车辆增长率，该措施以北京的汽车摇号政策为代表；② 限行措施，该措施是对特定时段和特定路段上的特定车辆实行通行限制，强制削减私家车使用量，该措施以北京的尾号限行政策为代表；③ 限停措施，该措施指限制城区，尤其是中心区的停车位供给，通过控制停车需求改变私家车出行需求。

　　关于上述措施的作用环节，经济性措施中的汽车牌照拍卖、车辆购置税与行政性措施中的限购政策作用的是私家车拥有环节，目的是增加私家车的拥有成本和难度；而经济性措施中的拥挤收费、低排放区收费、差别化停车收费和行政性措施中的限行、限停政策作用的是私家车的使用环节，目的是增加私家车的使用成本和难度。

　　综上分析，私家车管制措施种类繁多，而将所有措施加入研究是不可行的，为私家车管制选取合适的措施变量是必要的。因此，依据我国城市实行私家车管制的实践经历和国外城市实行私家车管制的实践效果，本书最终选择提高停车费、尾号限行和拥挤收费 3 条措施加入私家车管制与公交车吸引力研究，理由是：首先，"尝试实施不同区域、不同类型停车场差异化收费"是《国务院关于城市优先发展公共交通的指导意见》（国发〔2012〕64号）文件中明确提出的政策内容，亦是我国北京、广州等城市已经开始实行的私家车管制措施；其次，尾号限行政策已经在北京、天津、上海、长春、兰州、杭州、贵阳、成都等多个城市实行多年；最后，拥挤收费措施已经在新加坡、伦敦等城市成功实施，取得了良好效果，是被业界和学术界广泛认可的私家车管制措施。因此，探讨以上私家车管制措施对公交车吸引力的影响将对我国城市实行私家车管制措施具有重要的理论意义和实践启示。

3.6　公交车吸引力研究的框架构建

　　优先发展公共交通的首要目的是增强公共交通对公众的吸引力，确立公共交通在城市交通中的主体地位，缓解因机动车过量使用而产生的交通拥堵等问题。而公共交通优先发展内容不仅包括了对公共交通的扶持，还包括了对私家车的管制。扶持公共交通是公交优先战略的主要方面，就是通过加大政府投入、增加基础设施等手段发展公共交通、全面改善公交服务质量；管制私家车是公交优先战略的重要补充，指的是通过管控、限制私家车拥有或使用行为来削弱私家车出行的优势。这两方面被期望的综合效果就是能够最大限度地将私人交通转化为公共交通。因此，根据公共交通优先发展的政策目标和内容，再结合我国城市交通现状和公交发展情况，公交车吸引力研究不能只考虑扶持公共交通的影响，还应考虑管制私家车的影响。

　　城市公共交通涉及三方利益相关者：政府、公交企业和乘客，而3个利益相关者对城市公共交通服务的贡献或要求均不相同。政府考虑社会效益，注重公共交通覆盖率，把控公交线路长度、万人拥车率等公交设施规模，希望每个公众都能享有公共交通服务；公交企业考虑成本和收入，追求盈利能力，在已有公交设施基础上通过设置公交车的服务频率或时长来决定公交服务产出量；而乘客从自身需求出发，只关注公交服务质量能否满足自身的出行需求。因此，公交车吸引力研究不仅要站在政府和公交企业的供给角度考虑公交服务供给水平对公交车吸引力的影响，还要站在乘客的需求角度考虑公交服务质量对公交车吸引力的影响。

公交设施规模对公交车吸引力的影响研究主要是从公交服务的供给角度检验了城市层面上公交车的设施供给水平对公交车客运需求的影响机制，因此，在城市层面，本书选择人均公交出行次数指标来衡量公交车吸引力。公交服务质量对公交车吸引力的影响研究主要是从需求角度检验了个体层面上出行个体可感受到公交服务质量对私家车和公交车两种交通方式使用行为的影响机制，因此，在个体层面，本书选择客观的交通方式选择行为来衡量公交车吸引力。最后，不同于增加公交设施规模和提高公交服务质量两类旨在扶持公交车的发展手段，私家车管制对公交车吸引力的影响研究主要是从管制私家车的角度检验了若干私家车管制措施对公交车使用的影响机制，因此，对于已实行的私家车管制措施，本书选择客观的交通方式选择行为来衡量公交车吸引力；对于未实行的私家车管制措施，本文选择主观的公交出行意愿指标来衡量。综合以上分析，得到本书的公交车吸引力研究框架，如图 3-2 所示。

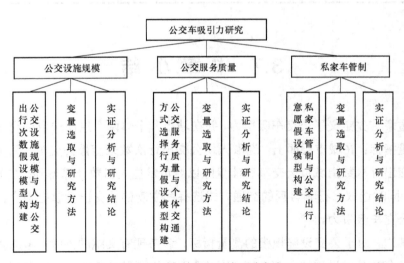

图 3-2　公交车吸引力研究框架

由以上研究框架可以看出，本书研究涉及众多概念和指标，为了便于查询和理解，此处汇总了与公交车吸引力相关重要概念的含义和选择的指标，见表 3–2。

表 3–2　本书重要概念含义与指标选择

概念	含义	本书选取指标
一、公交车吸引力	城市公交车对所有公众的出行吸引	
公交车客运需求	城市层面上公交车吸引力的表现	人均公交出行次数
公交车使用行为或意愿	个体层面上公交车吸引力的表现	客观的交通方式选择、主观的公交出行意愿
二、公交设施规模	城市已建成公交车设施的数量和水平	公交线路长度、万人拥车率
三、公交服务质量	城市公共交通系统生产的客运服务能够满足公众出行需求的程度	经济性、可达性、便利性、快速性、准确性、舒适性、安全性
四、私家车管制	运用法律、经济、行政等手段，在私家车拥有、使用环节上加以管控和限制	停车费水平、尾号限行、拥挤收费措施
五、技术效率	指在相同产出的情况下公共交通系统理想的最小可能性投入与实际投入的比率	产出指标：车辆运营里程；投入指标：运营车辆数、线路长度、从业人数

3.7　本章小结

本章首先定义了公交车吸引力，并在城市和个体两个层面选取公交车吸引力测量指标：在城市层面上，选取人均公交出行次数来衡量公交车吸引力，人均公交出行次数由城市公交车客流量除以城市常住人口数计算得到；在个体层面上，同时选取出行者客观的交通方式选择和主观的公交出行意愿两个指标来衡量公交车吸引力。

其次，对于公交设施规模的测量指标，参考现有文献的同时，考虑我国城市建设公交基础设施的主要内容、与已选因变量测量指标的一致性和研究数据的可得性，本章最终选择了公交线路长度和万人拥车率两个指标来代表公交设

48

施规模；对于公交服务质量，通过总结国内外已有文献，本章将其界定为经济性、可达性、便利性、快速性、准确性、舒适性和安全性等 7 个属性。

再次，本章将私家车管制措施分为经济性措施和行政性措施两类，其中，经济性措施包括拥挤收费、低排放区收费、差别化停车收费、汽车牌照拍卖和车辆购置税；行政性措施包括限购、限行和限停。最终，选择提高停车费、尾号限行和拥挤收费 3 条措施加入私家车管制与公交车吸引力研究。

最后，根据公共交通优先发展战略目标和内容，再结合我国城市交通现状和公交发展情况，本章从公交设施规模、服务质量、私家车管制 3 个角度出发构建了公交车吸引力研究框架，为后续章节提供了理论支撑。

第 4 章

公交设施规模对公交车
吸引力的影响

本章将技术效率作为中介变量引入到公交设施规模与公交车吸引力研究中，构建了公交设施规模、技术效率和公交车吸引力的假设模型。应用中国2015 年 152 个城市的社会经济发展和公共交通相关数据，检验了公交设施规模对公交车吸引力的影响机制。回答了本书的第一个研究问题：公交设施规模对公交车吸引力的积极影响始终存在吗？

4.1 引　言

自国家确立公共交通优先发展战略以来，各级政府积极贯彻国家文件精神和实施意见，城市公交设施规模和服务能力取得显著提升。依据 2017 年中国统计年鉴的数据，全国城市共有公交车运营车辆超过 55 万辆，运营线路总长度约 80 万 km，较 2004 年分别增长 100.36% 和 531.90%，年均增速分别为18.25% 和 5.49%。然而，与持续增长的公交设施相比，公交车客流量并未保持同步增长。公交优先发展战略实施初期，即 2004—2008 年，公交车客流量年均增长 12.76%，增速较快；随后，2009—2014 年，公交车客流量年均增速放缓至 1.29%；但在 2014 年之后，公交车客流量开始持续下降。随着公交设施规模的持续发展，为什么公交车客流量会不增反降？这种不断加大的公交设施规模与需求间的差距不仅增加了政府负担，而且造成了公交设施的极大浪费。考虑到资本在中国等发展中国家是一种相对稀缺的资源，公交设施规模与客运量之间的关系值得进一步关注和研究。

在以往关于公交设施规模与公交车吸引力的研究中，公交设施规模指标实际上衡量的是公交服务供给水平。而公交服务供给水平不仅可以采用公交车辆数、万人拥车率或公交线路条数等代表公交设施规模的指标来衡量，还可以采用车辆运营里程、车辆运营时长等代表公交服务产出量的指标来衡量，且不论哪种指标都显示出与公交车客流量存在显著的正相关关系。实际上，在公交设施规模与公交车吸引力研究中，存在着两个默认假设：第一，公交设施规模越大，公交服务产出量越多；第二，公交服务产出量的增加引起公交车客流量的增加。2011 年 Chen 等，2019 年 Lee 和 Yeh 证实了"需求跟随供给"的第二个假设，但第一个假设还未得到验证。有趣的是，技术效率正是测算公交设施规模与服务产出量之间这种投入–产出关系的指标。同时，一些研究发现，例如，1999 年 Cowie 和 Asenova，2010 年 von Hirschhausen 和 Cullmann 等，小型公共交通系统具有规模报酬递增的特点，此时的公交设施规模显著正向影响技术效率；但大型公共交通系统是规模报酬递减的，此时的公交设施规模显著负向影响技术效率。这说明，盲目增加公交设施可能导致技术效率低下，即大规模的公交设施并不一定产出与之相当或更多的公共交通服务。那么，是否是低效率的运营水平限制了公交车进一步吸引更多的乘客呢？

对于公交车客流量与技术效率，已有大量文献分别对它们进行了深入研究，但还未发现有文献探讨这两个变量之间的作用关系。事实上，这两个变量是公交绩效的两个重要方面，且它们均受到公交设施规模的影响，这在已有研究中是一个重大缺失。因此，本章尝试从以下两方面补充完善此方面的研究：① 检验技术效率在公交设施规模与公交车吸引力之间的中介效应；② 构建包含公交设施规模、技术效率和公交车吸引力的路径分析模型，探讨公交设施规模、技术效率和公交车吸引力之间在不同公交设施规模下的关系。

4.2 研究假设

4.2.1 公交设施规模与公交车吸引力

通常情况下，增加公交设施规模可以提高公交服务供给水平，而关于公交服务供给与公共交通需求间的因果关系，存在两种相互矛盾的假设：第一种是公交服务供给的增加导致公共交通需求的增加，即"只要增加供给，需求自然会来"；第二种是公共交通需求增加会促使政府和公交企业增加公交服务供给。对此，2011 年 Chen 等应用 ARFIMA 模型分析了纽约市 1996 年 1 月到 2009 年 2 月间公交车客流量的影响因素，发现公交车客流量受到公交服务供给水平（车辆运营里程）的显著影响，并发现公共交通需求较公交服务供给滞后 0～4 个月，支持了第一种假设，即公共交通需求跟随公交服务供给。2019 年 Lee 和 Yeh 应用拓展的收敛交叉映射（extended convergent cross mapping，ECCM）分析了台中市公交服务供给水平（车辆运营里程）与公共交通需求（公交车客流量）之间的因果关系。结果显示，2007—2010 年，增加的车辆运营里程吸引了更多的公共交通乘客；2011 年实施免费公交政策后，公交车客流量的增加导致了车辆运营里程的增加，而公交车运营里程的增加又推动了公交车客流量的增长，导致了公交车客流量与公交车运营里程相互作用的良性循环。由此可见，只要增加的公交设施提高了公交服务供给水平，那么就可以吸引到更多的公交车出行需求。

此外，以公交线路长度、线路条数和覆盖率为代表的描述公交线路规模的指标，和以公交车辆数、万人拥车率、服务频率为代表的描述公交车辆规模的指标被 1983 年 de Menezes 和 John，1991 年 McLeod 等，2006 年 Thompson 和 Brown，2014 年 Chen 等检验出显著地正向影响公交车客流量或公交车使用行为。因此，对于公交设施规模与公交车吸引力，本书提出如下假设：

H4-1a： 公交线路长度对公交车吸引力产生积极影响。

H4-1b： 万人拥车率对公交车吸引力产生积极影响。

4.2.2 公交设施规模与技术效率

公交设施规模对技术效率的影响研究实际上是探讨公共交通系统规模报酬的变化问题。规模报酬（returns to scale）指的是当改变生产规模时产量变动的方式。规模报酬变化分为规模报酬递增、规模报酬递减和规模报酬不变 3 种情况。规模报酬递增指的是当所有投入都按 t 的比例上升，而产量上升的比例高于 t。在公共交通系统中，当公交设施为投入、公交服务（车辆运营里程）为产出时，规模报酬递增正是技术效率提高的表现。因此，规模报酬递增意味着公交设施规模对技术效率存在积极影响，公共交通系统可以通过扩大规模来提高技术效率；规模报酬递减意味着公交设施规模对技术效率存在消极影响，此时扩大规模会降低技术效率；规模报酬不变意味着公交设施规模对技术效率没有影响。

关于公共交通系统规模报酬问题的研究结论几乎是一致的：拥有较小设施规模的公共交通系统是规模报酬递增的，而拥有较大设施规模的公共交通系统是规模报酬递减的。2010 年 von Hirschhausen 和 Cullmann 以员工数和公交车辆数为投入、以车辆运营里程和座位运营里程为产出测量了公交企业的技术效率，发现小型公交企业具有规模报酬递增的特点。1999 年 Cowie 和 Asenova 得到了同样的结论。2004 年 Karlaftis 根据 3 项投入（员工数、燃料使用量和公交车数量）和 2 项产出（车辆运营里程和乘客运载人数）估计规模报酬，结果显示，大型公共交通系统的规模收益持续下降。2006 年 Odeck 选择员工数量、有效驾驶时间和座位与设备数量为投入，座位运营里程和乘客行驶里程为产出，观察到对于较小规模的公交企业，技术效率随着公交设施规模的增加而增加，而较大规模的公交企业展现出相反的表现。因此，对于公交设施规模与技术效率，本书提出如下假设：

H4-2a： 小规模的公交线路对技术效率产生积极影响，大规模的公交线路对技术效率产生消极影响。

H4-2b：小规模的万人拥车率对技术效率产生积极影响，大规模的万人拥车率对技术效率产生消极影响。

4.2.3 技术效率与公交车吸引力

尽管上述文献在测算技术效率时选择的投入和产出指标不尽相同，但总体来说，代表公交设施规模的变量（如公交车数量）常用于投入指标，代表公交服务产出的变量（如车辆运营里程和座位运营里程）常用于产出指标。因此，技术效率在一定程度上反映了公共交通的设施利用率。根据技术效率定义，技术效率越高，表明在公交设施规模相同的情况下，公交系统可以产出更多的公交服务，而更多的公交服务带来更多的公共交通需求。因此，本书认为，更高的技术效率能够吸引更多的乘客。最后，笔者注意到，在公交发展实践中，公交线路的增加或延伸往往会促使公交企业向线路中投放更多的公交车辆。因此，对于技术效率与公交车吸引力、公交线路长度与万人拥车率，本书分别提出如下假设：

H4-3：技术效率对公交车吸引力产生积极影响。

H4-4：公交线路长度对万人拥车率产生积极影响。

综合以上分析，图 4-1 总结了所有假设关系。需要说明的是，依据 H4-2a 和 H4-2b 假设，技术效率的中介效应可能会随着公交设施规模的发展而变化。

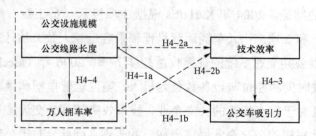

注：实线代表积极影响；虚线代表可变的作用关系。
图 4-1 公交设施规模与公交车吸引力的假设模型

4.3　研 究 设 计

4.3.1　变量选择

1. 因变量

本章的因变量是公交车吸引力。依据前文的讨论，本章选择人均公交出行次数指标衡量公交车吸引力。人均公交出行次数等于城市公交车客流量除以城市常住人口数，人均公交出行次数越多，表示城市公交车吸引力越强。

2. 自变量

本章的自变量是公交设施规模。依据前文的讨论，本章选取公交线路长度和万人拥车率两个指标来代表公交设施规模，即公交线路越长、万人拥车率越高，则城市公交设施规模越大。其中，万人拥车率由城市公交车辆数除以城市常住人口数计算得到。

3. 中介变量

本章的中介变量是技术效率。因为 DEA 方法可以有效地避免主观确定权重的缺陷并能够捕捉多个投入和产出之间的相互作用信息而得到了更广泛的应用，本研究选择该方法进行技术效率的测算。在 DEA 模型中，CCR 模型假设规模报酬不变（CRS），其得出的技术效率不仅包含技术效率，而且包含了规模效率；BCC 模型基于规模报酬可变（VRS）的假设得出的技术效率排除了规模的影响，是纯技术效率。因此，测算技术效率的第一步就是要依据本研究的研究目的选取合适的测量模型。本研究的研究目的是探讨技术效率在公交设施规模与公交车吸引力之间的中介作用，而公交设施规模对技术效率的影响实际上是公共交通是否具有可变的规模报酬问题。具体来说，公交设施规模对技术效率的积极影响意味着公共交通是规模报酬递增的，在这种情况下，公共交通可以通过扩大公交设施规模来提高技术效率。同样地，公交设施规模对技术效率的消极影响意味着公共交通是规模报酬递减的，对于这样的公共交通，扩大的公交设施规模已经不能再提高技术效率，反而会降低技术效率。综上分析，为了研究公共交通是否存在可变的规模报酬问题，本研究的技术效率必须包括规模效率。因此，本研究与 2004 年 Karlaftis 和 2010 年 von Hirschhausen、Cullmann 的做法相同，采用 CCR 模型测算技术效率。

同时，笔者注意到，应用 CCR 模型可能得到多个决策单元同时有效的结果，即多个公交系统的技术效率得分都是 1。在这种情况下，CCR 模型无法进一步区分和排序这些技术有效的公交系统，这将不利于公交设施规模、技术效率与公交车吸引力之间关系的研究。而 1993 年由 Andersen 和 Petersen 提出的超效率 DEA（super-efficiency DEA，SE-DEA）弥补了这一不足。与传统的 CCR 模型相比，SE-DEA 构造的参考集不包括被评价决策单元本身，由该模型获得的效率得分有可能大于 1，可以对有效的决策单元给出进一步的比较分析。因此，结合 CCR 模型和 SE-DEA 模型的优势，本研究最终采用 SE-CCR 模型来测算技术效率。

技术效率得分与投入产出的指标选择密切相关，最后一步也是非常重要的一步即根据研究目的选取合适的投入和产出指标。对于投入，本研究选择从业人数、公交线路长度和公交车数量 3 个指标；对于产出，本研究选择车辆运营里程这一指标。选择这些指标的主要原因：第一，因为本研究的研究目标是检验技术效率在公交设施规模与公交车吸引力间的中介效应，这里的技术效率应倾向于描述公交设施与生产的公交服务之间的关系；第二，公交车辆和线路是生产公交服务最基本的设施，而工作人员是利用这些设施的主体；第三，对于公交服务产出量，车辆运营里程和座位运营里程均是常用的测量指标，但车辆运营里程已被检验出对公交车吸引力存在显著的积极影响，应用车辆运营里程计算得到的技术效率更符合本研究的研究目标。并且，相较于座位运营里程，车辆运营里程是被地方交通管理部门更广泛地披露和接受的指标。

假设：有 N 个公交系统，第 j 个公交系统（$j=1, 2, \cdots, N$）使用 $X_j=\{x_{1j}, x_{2j}, x_{3j}\}$ 个投入生产出 y_j 个产出。并且，$X=(x_{ij}) \in \mathbf{R}^{3 \times N}$ 和 $Y=(y_j) \in \mathbf{R}^{1 \times N}$ 是非负的，λ_j 是

第 j 个公交系统非负系数。因此，SE-CCR 可表示为：

$$\min \theta$$

$$\text{s.t.} \begin{cases} \sum\limits_{j=1,j\neq j0}^{n} X_j\lambda_j \leqslant \theta X_{j0} \\ \sum\limits_{j=1,j\neq j0}^{n} y_j\lambda_j \geqslant y_{j0} \\ \lambda_j \geqslant 0, \ j=1,2,\cdots,N \end{cases} \quad (4-1)$$

式中，θ 代表技术效率得分，$\theta \geqslant 0$。$\theta \geqslant 1$ 表示公交系统是技术有效率的；$0 \leqslant \theta < 1$ 表示公交系统是技术无效率的。θ 值越大表示技术效率越高。

4. 控制变量

对于外部因素，建成区面积、人均 GDP、人口密度和私家车保有率是以往文献中最常见的影响因素。本研究选取这 4 个变量来分别代表 2009 年 Taylor 等提出的 4 类外部因素，即地理特征、经济发展、人口特征和交通水平。此外，本研究还考虑了其他交通方式的影响：网约车和轨道交通。公交车与网约车和轨道交通间的竞争关系是显而易见的，因为使用网约车或者轨道交通的出行者可能会减少公交车的使用，特别是在多种交通方式同时运行的地区。与此同时，公交车与网约车和轨道交通间也可能存在互补关系，因为一种交通方式可能增加另一种交通方式的可达性。对于网约车，本书采用由 CBNData 和滴滴媒体研究院共同发布的《中国智能出行 2015 大数据报告》中的"智能出行量"数据，此处的智能出行指依托互联网手段，在线呼叫、预约出租车、专车、快车、顺风车、巴士等出行方式。对于轨道交通，本研究使用一个虚拟变量来代表一个城市是否已开通轨道交通，1 表示已开通，0 表示未开通。

对于内部因素，票价水平是在以往文献中已被检验的、最常见的影响因素。票价水平的理想衡量指标是平均票价，它是由票款总收入除以公交车客流量得到的。然而，由于商业敏感性，每个城市的票款收入数据是难以获取的。不过，与票价水平明显相关的是人均可支配收入。在我国，城市居民的公交票价支出通常占城镇居民人均可支配收入的 4% 左右。因此，本研究采用城镇居民人均可支配收入的 4% 来作为公交票价水平的代理变量。此外，服务频率、覆盖率和可达性亦被认为是重要的影响因素。公交车的服务频率越高、覆盖率越高、可达性越高，越容易吸引更多的乘客，即公交车吸引力越大。其中，服务频率等于公交车辆数与公交线路长度的比率，表示了单位线路长度上运营的公交车辆数，比率越大代表服务频率越高；覆盖率等于公交线路长度与建成区面积的比率，表示了单位建成区面积上运营的公交线路长度，比率越大代表覆盖率越高；可达性等于常住人口与公交线路长度的比率，表示了单位线路长度上需要服务的人数，需要服务的人数越多说明人们越不容易获取公交服务，即比率越大代表可达性越低。以上所有变量及其说明如表4-1所示。

表4-1　相关变量说明

变量		含义
因变量	公交车吸引力	公交车客流量与常住人口数的比值
中介变量	技术效率	模型：DEA（SE-CCR模型）；投入：从业人员数、公交线路长度、公交车辆数；产出：车辆运营里程
自变量	公交线路长度	市区所有公交线路长度之和
	万人拥车率	公交车辆数与常住人口数的比值
控制变量	建成区面积	已成片开发建设、市政公用设施和公共设施基本具备的区域
	人均GDP	GDP与常住人口数的比值
	人口密度	常住人口数与建成区面积的比值
	私家车保有率	私家车保有量与常住人口数的比值
	网约车规模	城市智能出行总数，1代表小于500万，2代表500万～<1 000万；3代表1 000万～<5 000万，4代表5 000万～<1亿，5代表大于或等于1亿
	有无轨道交通	是否开通了轨道交通，1代表已开通，0代表未开通
	公交票价	城镇居民人均可支配收入的4%
	服务频率	公交车辆数与公交线路长度的比值
	可达性	常住人口数与公交线路长度的比值
	覆盖率	公交线路长度与建成区面积的比值

4.3.2　研究方法

1. 相关性和共线性检验

为确保研究结论的稳健性，本章在分析公交设施规模、技术效率和公交车吸引力之间的关系前对所有变量进行了相关性和共线性检验。方差膨胀因子（variation inflation factor，VIF）是表征解释变量观察值之间多重共线性程度的数值。VIF 计算公式如下：

$$VIF_k = 1/(1-R_k^2) \tag{4-2}$$

式中，R_k 和 VIF_k 分别是解释变量 k 的确定系数和变化膨胀系数。VIF 值越大，表明某个解释变量被其他解释变量线性表示的可能性越大，即多重共线性越严重。没有统一的标准来确定 VIF 值的上限，一般来说，VIF 值大于 10 表示模型中存在多重共线性问题，应排除在分析模型之外。

2. 因果逐步回归法

对于技术效率可能存在的中介效应，本研究采用 1986 年 Baron 和 Kenny 提出的因果逐步回归法进行检验。在本章研究中，自变量 X 是公交设施规模，即公交线路长度和万人拥车率；因变量 Y 是公交车吸引力，即人均公交出行次数；中介变量 M 是技术效率，如图 4-2 所示。因果逐步回归法的回归模型如下：

$$Y = i_1 + cX + \varepsilon_1 \tag{4-3}$$
$$M = i_2 + aX + \varepsilon_2 \tag{4-4}$$
$$Y = i_3 + c'X + bM + \varepsilon_3 \tag{4-5}$$

式中，i_1、i_2 和 i_3 代表截距，c 代表 X 对 Y 的总效应，c' 代表去除 M 的影响后 X 对 Y 的直接效应，a 代表 X 对 M 的效应，b 代表去除 X 的影响后 M 对 Y 的效应，ε_1、ε_2 和 ε_3 代表残差。

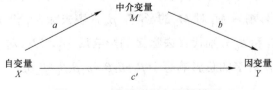

图 4-2　三变量非递归因果模型

依据 1986 年 Baron 和 Kenny 的研究成果，同时满足下列条件时表明中介效应存在：① 回归系数 c 是显著的，即 X 对 Y 存在显著的影响；② 回归系数 a 是显著的，即 X 对 M 存在显著的影响；③ 回归系数 b 是显著的，即 M 对 Y 存在显著的影响；④ 回归系数 $c'<c$。

3. 路径分析

因果逐步回归法只检验了两两变量间的因果关系，忽略了多个变量的整体关系，而路径分析正是构建多个可观测变量间整体关系模型的最常用方法。路径分析可以看作是一种特殊结构方程模型（structural equation modeling，SEM）。结构方程模型包括两个部分：测量模型和结构模型。在测量模型中，潜变量被表示为多个观测变量的线性组合。因此，结构方程模型可以检验多个潜变量间直接或间接的作用关系。而与结构方程模型不同的是，路径分析不包括测量模型，只有结构模型，因此，路径分析可用于检验多个观测变量间直接或间接的作用关系。

实际上，路径分析亦是多元回归的扩展，它允许对更复杂的模型进行检验分析。路径分析能够检验存在多个因变量甚至存在"影响链"的关系模型。路径分析同样遵循普通最小二乘法回归的一般假设，即路径模型中的所有关系均假定为线性、可加和因果关系。路径模型可以由一系列描述变量之间直接因果关系的回归方程来表述。以图 4-3 中的假设模型为例，路径分析的回归方程可写为：

$$M_1=i_1+\beta_1 X+\varepsilon_1 \tag{4-6}$$

$$M_2=i_2+\beta_2 X+\beta_3 M_1+\varepsilon_2 \tag{4-7}$$

$$Y=i_3+\beta_4 X+\beta_5 M_1+\beta_6 M_2+\varepsilon_3 \tag{4-8}$$

式中，i_1、i_2 和 i_3 代表截距，β_1 代表 X 对 M_1 的影响，β_2 代表 X 对 M_2 的影响，β_3 代表去除 X 的影响后 M_1 对 M_2 的影响，β_4 代表去除 M_1 和 M_2 的影响后 X 对 Y 的直接影响，β_5 和 β_6 分别代表去除 X 的影响后 M_1 和 M_2 对 Y 的影响，ε_1、ε_2 和 ε_3 代表残差。X 对 Y 的总影响等于 $\beta_4+\beta_1\beta_5+\beta_1\beta_3\beta_6+\beta_2\beta_6$。

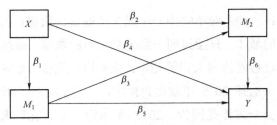

图 4-3　路径分析假设模型

AMOS（analysis of moment structures）软件是最常用的 SEM 分析软件之一。AMOS 允许研究人员使用可视化的图形界面绘制路径图，数据输入程序的同时，路径分析模型中的回归方程亦被同时估计。输出内容丰富、简洁，如非标准化和标准化的路径系数，用于确定变量之间的假设关系是否被数据支持的多种适配度指标。因此，基于 AMOS 简便易懂的优势，本研究采用 AMOS 24.0 软件应用于路径分析。

4. 多群组分析

依据 H4-2a 和 H4-2b 假设，随着公交设施规模的增加，公交线路长度或万人拥车率对技术效率的影响可能发生变化。因此，将城市按照公交设施规模大小分组进行多群组分析是必要的。多群组分析是回答影响因素在不同群体内的影响是否具有等同性的方法。因此，对 H4-2a 和 H4-2b 假设，在分组的基础上，对每个群组进行路径分析，探讨公交设施规模、技术效率与公交车吸引力在不同群组内的作用关系是否相同。

4.3.3　数据描述

根据本章的研究目标，自 2017 年 12 月，笔者开始搜集中国所有地级及以上城市的公共交通相关数据。对于搜集方式，采用以官方发布的统计年鉴为主，以政府部门和当地公交企业网站为辅，以政府信息公开申请为补充的策略，其中，官方发布的统计年鉴包括中国城市统计年鉴、各省市统计年鉴、各省市年鉴和各市统计公报。需要说明的是，针对不同来源数据不一致的情况，笔者以官方统计年鉴为准。在样本选择方面，排除了数据不完整的城市，不完整的数据包括两种情况：一种是城市缺少一个或多个变量的数据；另一种是对于有多家公交公司运营的城市，只搜集到一家公交公司的数据。最终，笔者得到2015年152个城市的社会经济与人口特征、公交车设施规模、车辆运营里程和客流量等数据。之所以选择2015年数据为样本，一方面是因为时间越久，数据获取的难度越大；另一方面是因为，2015年作为"十二五"末，是交通运输部在《关于开展国家公交都市建设示范工程有关事项的通知》（交运发〔2011〕635号）和《交通运输部关于贯彻落实〈国务院关于城市优先发展公共交通的指导意见〉的实施意见》（交运发〔2013〕368号）中提出的发展目标的重要节点，选取2015年数据作为研究样本对评价我国城市公交车实际情况，寻找当前存在的问题，提供政策建议和管理措施具有重要的实际意义。

此外，152个样本城市也包括了在2015年已开通轨道交通的城市，例如，北京市、沈阳市、长春市、杭州市、昆明市等。虽然本研究的研究对象是公交车，但轨道交通作为另一个重要的公共客运方式，其对公交车吸引力的影响值得关注。并且，在所有已开通轨道交通的城市中，公交车客流量在公共交通系统中仍占大部分比例（如表4-2所示），研究此类城市的公交车吸引力对提升整个公共交通系统表现具有重要意义。因此，基于以上考虑，将已开通轨道交通的城市加入本章研究样本是必要的。表4-3列出了本章所有相关变量的单位和数据来源，所有变量的描述性统计信息如表4-4所示。

表4-2　已开通轨道交通城市的公交车客流量占比

城市	公交车 客流量/万人次	公共交通 客流总量/万人次	公交车 客流量占比/%
北京市	406 003	738 384	54.99
天津市	157 001	185 813	84.49
沈阳市	103 444	131 216	78.83
大连市	102 596	113 900	90.08
长春市	73 598	81 433	90.38
南京市	100 427	172 139	58.34
无锡市	40 370	47 470	85.04

续表

城市	公交车 客流量/万人次	公共交通 客流总量/万人次	公交车 客流量占比/%
苏州市	67 092	80 725	83.11
淮安市	19 265	19 547	98.56
杭州市	138 197	160 543	86.08
宁波市	48 559	52 335	92.78
南昌市	61 973	62 113	99.77
青岛市	102 402	102 456	99.95
郑州市	95 387	104 197	91.54
武汉市	143 092	199 602	71.69
长沙市	74 324	82 731	89.84
广州市	254 954	495 646	51.44
深圳市	206 892	319 080	64.84
重庆市	246 920	310 167	79.61
成都市	172 607	199 770	86.40
昆明市	87 449	95 816	91.27
西安市	161 573	195 782	82.53

表4-3 相关变量单位和数据来源

变量名称	单位	数据来源
建成区面积	km²	中国城市统计年鉴
人口密度	人/km²	中国城市统计年鉴
人均 GDP	元	中国城市统计年鉴
网约车规模	无	中国智能出行2015大数据报告
有无轨道交通	无	中国城市建设统计年鉴
公交线路长度	km	当地统计年鉴、当地公交公司网站和年报、政府信息公开申请
*常住人口数	万人	当地统计年鉴
*私家小汽车保有量	辆	当地统计年鉴、当地统计公报

续表

变量名称	单位	数据来源
*城镇居民人均可支配收入	元	当地统计年鉴、当地统计公报
*公交车客流量	万人次	中国城市统计年鉴
*公交车辆数	辆	中国城市统计年鉴
*从业人员数	人	当地年鉴、当地公交公司网站和年报、政府信息公开申请
*车辆运营里程	万 km	当地年鉴、当地公交公司网站和年报、政府信息公开申请

注：*代表仅用于计算、不直接应用于回归分析的变量。

表 4-4 相关变量描述性统计信息

变量名称	最大值	中位数	最小值	均值	标准差
建成区面积	1 401	125	23	208.12	241.02
人口密度	5 547.72	906.50	82.66	1 141.21	962.94
人均 GDP	195 792	64 808.50	15 356	70 708.03	33 880.34
私家小汽车保有率	1.36	0.26	0.07	0.32	0.19
网约车规模	5	3	1	3.63	1.25
有无轨道交通	1	0	0	0.14	0.35
公交票价	2 114.37	1 098.58	800.63	1 179.38	274.54
服务频率	5.92	0.88	0.10	1.02	0.75
可达性	0.69	0.12	0.01	0.15	0.12
覆盖率	141.89	9.65	1.34	13.73	15.42
公交线路长度	20 561	1 336.50	168	2 606.42	3 651.35
万人拥车率	26.63	7.66	1.43	7.98	4.01
*常住人口数	2 161.06	152.16	24.26	247.36	319.09
*私家小汽车保有量	440.3	40.91	4.31	66.67	67.88
*城镇居民人均可支配收入	52 859.20	27 464.50	20 015.80	29 484.41	6 863.60
*公交车客流量	398 703	12 634.50	180	32 534.02	54 569.57
*公交车辆数	31 716	1 015	91	2 384.26	4 329.30
*从业人员数	64 408	2 000	133	5 298.24	9 626.86
*车辆运营里程	128 958	5 054	612	12 595.47	19 788.64

注：*代表仅用于计算，不直接应用于回归分析的变量。

依据 2016 年 Zhang 等的研究，笔者检验了用于技术效率测算的投入和产出变量间的相关性，如表 4-5 所示。可以看出，所有投入和产出变量间的相关系数均是显著大于 0 的，表明投入变量和产出变量是显著正相关的。同时，3个投入变量间的相关系数均小于 1，表明 3 个投入变量是相对独立的。此外，笔者注意到公交车辆数与从业人员数具有较强的正相关（0.871）。对于 DEA 模型中评价指标间的相关性问题，2007 年 Sarkis 发现，即使 DEA 模型中包含一个完全相关的变量，它也会给出不同的得分。2003 年 Jenkins 和 Anderson 认为高度相关的评价指标依然能够提供一些有用信息，移除高度相关变量会导致部分信息丢失。对于超大的投入-产出指标集，一些研究者希望通过删除高度相关的投入或产出变量来提高评价模型的判别能力。然而，对于本研究的技术效率，其决策单元数据远大于投入-产出变量数，且本研究采用的是超效率 DEA 模型，不存在多个决策单元效率值同时等于 1 的情况。因此，本研究同时采用从业人员数、公交车辆数和公交线路长度 3 个投入变量是合理的，也是必要的。

表 4-5　投入产出变量间的相关系数

		从业人员数	公交车辆数	公交线路长度	车辆运营里程
肯德尔等级相关系数	从业人员数	1.000			
	公交车辆数	0.703**	1.000		
	公交线路长度	0.517**	0.576**	1.000	
	车辆运营里程	0.735**	0.728**	0.491**	1.000
秩相关系数	从业人员数	1.000			
	公交车辆数	0.871**	1.000		
	公交线路长度	0.676**	0.745**	1.000	
	车辆运营里程	0.893**	0.888**	0.653**	1.000

注："**"表示 $p < 0.05$。

4.4 实 证 分 析

4.4.1 公交车吸引力与技术效率

依据前文因变量和中介变量的计算方法，笔者得到了 152 个城市 2015 年的公交车吸引力和技术效率，两个变量的描述性统计信息如表 4-6 所示。可以看出，公交车吸引力的最大值接近 400，而最小值只有 2.02，同时，技术效率的最大值（1.69）与最小值（0.14）亦存在较大差值，这说明各城市间公交车的绩效表现具有较大差异。此外，公交车吸引力和技术效率的皮尔逊相关系数为 0.496，p 值等于 0.000，小于 0.05（双尾检验），这表明公交车吸引力与技术效率存在显著的正相关，也就是说，技术效率高的公交系统往往在吸引力方面亦有良好的表现。

表 4-6 公交车吸引力与技术效率的描述性统计信息

变量名称	最大值	中位数	最小值	均值	标准差
公交车吸引力	394.50	99.39	2.02	112.64	65.36
技术效率	1.69	0.52	0.14	0.55	0.22

随着公交设施规模的增加，公交车吸引力和技术效率的变化趋势如图 4-4 所示。可以看出，随着公交线路长度和万人拥车率的增长，公交车吸引力呈现出明显的上升趋势，而技术效率则随着公交线路长度的增加而下降。这可能意味着增加公交设施规模可以提升公交车吸引力，但也面临着牺牲技术效率的风险。

有趣的是，笔者发现，一些城市在公交车吸引力和技术效率两方面均表现良好。例如，兰州市，其公交车吸引力和技术效率分别是 262.89 和 1.07，均处于较高水平。然而，一些城市在这两方面的表现都很糟糕，以廊坊市为例，

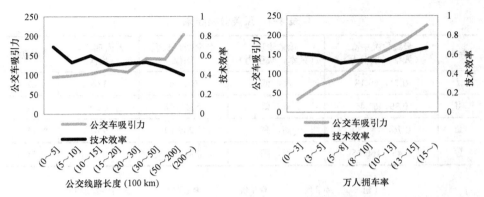

图 4-4　公交车吸引力与技术效率变化趋势

其公交车吸引力和技术效率分别是 53.42 和 0.29。还有一些城市在其中一个方面表现良好，但在另一方面的表现却不尽如人意。昆明市具有较强的公交车吸引力（203.19），但其技术效率得分只有 0.26；与之相反，达州市的公交车吸引力较低（37.46），但其在技术效率方面的表现并不差（0.84）。

基于以上各城市公交系统 4 种不同的表现，应用 k 均值聚类算法将 152 个城市分成了 4 类，分类结果如表 4-7 和图 4-5 所示。第 I 组城市的技术效率和公交车吸引力均值分别是 0.71 和 69.18，表明该组城市公交车具有较高的技术效率和较低的吸引力水平。同时，该组的公交设施长度和万人拥车率是 4 组里最低的，说明其公交设施规模最小。对第 I 组城市来说，较高的技术效率意味着高的设施利用率，而较低的公交车吸引力可能是因为公交设施不足。与第 I 组相比，第 II 组城市的公交设施规模有所增加，但其公交车吸引力依然较低，且其技术效率下降了，这可能是因为该组增加的公交设施并未得到有效利用，低效率的运营阻碍了该组公交车吸引更多的乘客。与第 II 组相比，第 III 组城市的公交设施规模进一步增加，其技术效率和公交车吸引力同时得到提升，这可能是因为该组的公交设施得到了充分利用，高效率的运营进一步增强了公交车吸引力。最后，第 IV 组的公交设施规模最大，虽然该组的公交车依然具有较高的吸引力，但其技术效率较第 III 组降低了，这可能是因为过多的公交设施造成了资源过剩。

表 4-7 聚类分析结果

群组	最终聚类中心（效率，吸引力）	绩效表现（效率，吸引力）	公交线路长度均值	万人拥车率均值	城市数量
I	0.71，69.18	高，低	685.44	3.69	22
II	0.39，63.45	低，低	2 127.07	6.55	64
III	0.76，181.39	高，高	2 239.10	9.84	45
IV	0.45，160.76	低，高	6 866.86	12.86	21

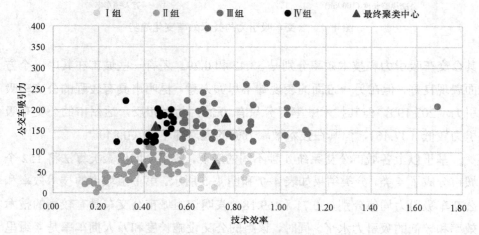

图 4-5 公交车吸引力与技术效率散点图

4.4.2 因果逐步回归结果分析

如果解释变量之间存在多重共线性问题，会造成错误的回归结果。因此，在进行因果逐步回归分析之前，本研究首先对所有解释变量进行了相关性和共线性检验，检验结果如表 4-8 所示。可以看出，建成区面积与公交线路长度的相关系数为 0.828，且在 0.01 水平上显著，表明两个变量间具有非常强的正相关性。为避免多重共线性问题，建成区面积变量被剔除。删除建成区面积变量后，剩余解释变量的 VIF 值均小于 10，说明剩余解释变量不存在多重共线性问题，可以全部加入到回归分析中。

表 4-8　相关系数和 VIF 值

	1	2	3	4	5	6	7	8	9	10	11	12	13	VIF
1. 公交线路长度	1													3.008
2. 万人拥车率	0.456***	1												3.530
3. 技术效率	-0.167**	0.018	1											1.285
4. 建成区面积	0.828***	0.438***	-0.102	1										—
5. 人均 GDP	0.432***	0.507***	-0.062	0.414***	1									3.281
6. 人口密度	0.363***	0.437***	-0.058	0.333***	0.229***	1								1.340
7. 私家车保有率	-0.099	0.106	-0.062	-0.147	0.114	0.032	1							1.093
8. 网约车规模	0.226**	0.012	-0.215**	0.211**	0.224**	0.060	0.003	1						1.193
9. 有无轨道交通	0.696***	0.409***	0.087	0.678***	0.449***	0.348***	-0.084	0.151	1					2.434
10. 公交票价	0.596***	0.388***	-0.109	0.545***	0.773***	0.279***	0.033	0.306**	0.560***	1				3.476
11. 服务频率	-0.098	0.389***	0.326***	0.152	0.045	0.180**	0.036	-0.019	0.141	0.023	1			3.300
12. 可达性	-0.327***	-0.376***	0.234**	-0.163**	-0.372***	-0.108	0.066	-0.006	-0.123	-0.269***	0.471***	1		1.708
13. 覆盖率	0.341***	0.196**	-0.132	0.033	0.130	0.065	-0.140	0.035	0.171**	0.181**	-0.442***	-0.529***	1	2.671

注：“***”表示 $p < 0.01$；“**”表示 $p < 0.05$。

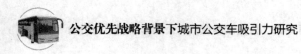

表 4-9　因果逐步回归分析结果

变量	公交车吸引力			技术效率		万人拥车率
	4-1	4-2	4-3	4-4	4-5	4-6
公交线路长度	0.007 (0.002)	−0.201** (0.002)	−0.080 (0.001)	−0.260** (0.000)		0.296*** (0.000)
万人拥车率		0.701*** (1.668)	0.749*** (1.182)		−0.172 (0.007)	
技术效率			0.520*** (12.728)			
人均 GDP	0.315*** (0.000)	0.095 (0.000)	0.052 (0.000)	0.054 (0.000)	0.134 (0.000)	0.313*** (0.000)
人口密度	0.044 (0.005)	−0.065 (0.004)	−0.026 (0.003)	−0.090 (0.000)	−0.089 (0.000)	0.157*** (0.000)
私家车保有率	−0.090 (22.356)	−0.092 (19.422)	−0.057 (13.776)	−0.068 (0.091)	−0.050 (0.091)	0.003 (0.980)
网约车规模	−0.227*** (3.489)	−0.181*** (3.051)	−0.084** (2.200)	−0.181** (0.014)	−0.207*** (0.014)	−0.065 (0.153)
有无轨道交通	0.191** (17.720)	0.226*** (15.423)	0.075 (11.162)	0.295*** (0.072)	0.183* (0.062)	−0.049 (0.777)
公交票价	−0.120 (0.027)	0.010 (0.024)	0.060 (0.017)	−0.079 (0.000)	−0.175 (0.000)	−0.186** (0.001)
服务频率	0.429*** (7.066)	−0.030 (8.500)	0.205*** (6.149)	0.276*** (0.029)	0.405*** (0.039)	0.655*** (0.310)
可达性	−0.288*** (48.299)	0.015 (48.337)	−0.009 (34.211)	0.086 (0.197)	0.040 (0.229)	−0.432*** (2.118)
覆盖率	0.175** (0.569)	0.071 (0.506)	0.013 (0.360)	0.098 (0.002)	0.101 (0.002)	0.149*** (0.025)
样本数	152	152	152	152	152	152
F-value	11.196	17.742	44.231	3.968	3.615	35.522
Prob$>F$	0.000	0.000	0.000	0.000	0.000	0.000
R-squared	0.443	0.582	0.792	0.220	0.204	0.716
Adj_R-squared	0.403	0.549	0.775	0.164	0.148	0.696

　　注：标准化回归系数；括号中为标准误；"***"表示 $p<0.01$；"**"表示 $p<0.05$；"*"表示 $p<0.1$。

　　表 4-9 列出了因果逐步回归分析结果。模型 4-1 和模型 4-2 分别检验了公交线路长度和万人拥车率对公交车吸引力的总效应；模型 4-3 在模型 4-2 基础

上加入了技术效率变量,检验了技术效率对公交车吸引力的影响;模型 4-4 和模型 4-5 分别检验了公交线路长度和万人拥车率对技术效率的影响;模型 4-6 检验了公交线路长度对万人拥车率的影响。

模型 4-1 的回归结果显示,公交线路长度对公交车吸引力的总影响是正向的,但是不显著的($t=0.007$,$p>0.1$),该结果并不能支持 H4-1a 假设。模型 4-2 显示万人拥车率的回归系数是显著正的($t=0.701$,$p<0.01$),表明万人拥车率对公交车吸引力具有显著的积极影响,H4-1b 假设得到了验证。在模型 4-4 中,公交线路长度对技术效率的影响是负的,且在 5%的水平上显著($t=-0.260$,$p<0.05$);同时,在模型 4-5 中,万人拥车率对技术效率的影响并不显著($t=-0.172$,$p>0.1$),以上结果支持了部分 H4-2a 假设,但并未支持 H4-2b 假设。模型 4-3 的回归结果显示,技术效率的回归系数是显著正的($t=0.520$,$p<0.01$),表明技术效率对公交车吸引力具有显著的积极影响,该结果支持了 H4-3 假设。模型 4-6 显示公交线路长度的回归系数是显著正的($t=0.296$,$p<0.01$),表明公交线路长度的增加对万人拥车率产生显著的积极影响,H4-4 假设得到了验证。

以上分析仅表明了本章的研究假设是否成立,技术效率的中介效应是否存在还需进一步分析。首先,对于技术效率在公交线路长度和公交车吸引力间的中介效应,可以看出:在模型 4-2 中,消除万人拥车率的影响后,公交线路长度显示出对公交车吸引力具有显著的负向影响($t=-0.201$,$p<0.05$),同时,公交线路长度在模型 4-4 中对技术效率的影响是显著负的($t=-0.260$,$p<0.05$),而技术效率在模型 4-3 中对公交车吸引力的影响是显著正的($t=0.520$,$p<0.01$),以上结果满足了因果逐步回归法的中介效应存在条件,因此,技术效率在公交线路长度和公交车吸引力间的中介效应得到验证。具体来说,从公交系统总体来看,增加公交线路长度会降低技术效率,进而削弱公交车吸引力。最后,对于技术效率在万人拥车率和公交车吸引力间的中介效应,因为万人拥车率在模型 4-5 中对技术效率的影响并不显著($t=-0.172$,$p>0.1$),不满足中介效应存在条件,因此技术效率在万人拥车率和公交车吸引力间的中介效应并未得到支持。

4.4.3 路径分析结果分析

因果逐步回归分析法依据研究假设检验了两两变量间的作用关系，但公交线路长度、万人拥车率、技术效率和公交车吸引力 4 个变量间的整体结构尚未构建。基于此，本节应用路径分析方法检验以上 4 个变量间的整体关系。需要说明的是，本研究的路径分析过程在 AMOS 软件中完成。

依据因果逐步回归结果可知，对于技术效率，公交线路长度对其具有显著的负向影响，而万人拥车率的影响并不显著；对于公交车吸引力，万人拥车率对其显示了显著的积极的直接影响，而公交线路长度对其直接影响并不显著，同时，技术效率对公交车吸引力的影响是显著正向的。此外，笔者发现，在两个自变量之间，公交线路长度显著正向影响万人拥车率。基于以上分析结果，本研究应用路径分析法构建和检验了 4 个变量的整体路径关系，如表 4–10 和图 4–6 所示。

表 4–10　路径分析结果

被解释变量	解释变量	t
技术效率	公交线路长度	−0.167** (0.000)
万人拥车率	公交线路长度	0.456*** (0.000)
	技术效率	0.549*** (12.040)
	万人拥车率	0.752*** (1.049)
	人均 GDP	0.069 (0.000)
	人口密度	−0.031 (0.003)
	私家车保有率	−0.053 (13.025)
公交车吸引力	网约车规模	−0.093** (2.098)
	有无轨道交通	0.038 (8.972)
	公交票价	0.036 (0.016)
	服务频率	−0.189*** (5.750)
	可达性	−0.012 (32.964)
	覆盖率	−0.009 (0.345)

注：t 代表标准化回归系数；括号中为标准误；"***" 表示 $p<0.01$；"**" 表示 $p<0.05$；"*" 表示 $p<0.1$。

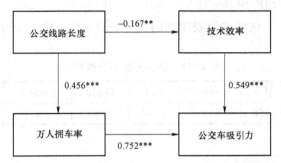

注：标准化回归系数，"***"表示 $p < 0.01$，"**"表示 $p < 0.05$。

图 4-6　影响路径图

公交线路长度对技术效率的标准化回归系数是-0.167，且在 0.05 水平上显著，说明公交线路长度对技术效率有显著的消极影响，而技术效率对公交车吸引力显示出显著的积极影响（$t = 0.549$，$p < 0.01$）。同时，公交线路长度对万人拥车率的标准化回归系数是 0.456，且在 0.01 水平上显著，说明公交线路长度对万人拥车率有显著的积极影响，同时，万人拥车率对公交车吸引力显示出显著的积极影响（$t = 0.752$，$p < 0.01$）。以上结果与因果逐步回归结果一致。总体来说，增加公交线路长度不仅可以通过提高万人拥车率来提升公交车吸引力，还可以通过降低技术效率来降低吸引力。比较两条影响路径的影响力大小发现，以技术效率为中介的负向影响为-0.092，以万人拥车率为中介的正向影响为 0.343，说明增加公交线路长度对公交车吸引力的总影响是积极的。因此，对公交系统总体来说，增加公交线路长度对增强公交车吸引力是有帮助的。

表 4-11 显示了路径分析拟合度指标值。卡方值测量的是观察到的协方差矩阵和由模型产生的协方差矩阵之间的差异，卡方值越小表示整体模型的因果路径图与实际数据越匹配，因此，一个良好拟合的模型在 0.05 水平上应该是非显著的。GFI、TLI 和 CFI 大于 0.9 被认为是拟合良好的，数值越接近 1，表示模型的拟合度越佳。SRMR 小于 0.05 表明是拟合良好的。此外，RMSEA 大于 0.05 且小于 0.08 被认为是拟合合理的，即合理适配；RMSEA 小于 0.05 表明模型拟合是非常好的。对于本研究的路径分析模型，p 等于 0.133，大于 0.05，

是非显著的；SRMR 和 RMSEA 分别小于 0.05 和 0.08；GFI、TLI 和 CFI 均大于 0.9，且接近 1。这些结果表明该路径分析模型是拟合良好的。

表 4-11　路径分析拟合度指标

χ^2	γ	χ^2/γ	p-value	GFI	SRMR	RMSEA	TLI	CFI
17.471	12	1.456	0.133	0.984	0.039	0.055	0.962	0.994

4.4.4　多群组结果分析

因果逐步回归和路径分析结果显示，公交线路长度对技术效率存在显著的消极影响。然而，两种方法均是从公交系统总体层面检验了公交线路长度对技术效率的影响，技术效率在具有不同设施规模的公交系统中是否具有相同的中介效应还未得到验证。因此，为了进一步检验公交设施规模与技术效率间的关系，基于 H4-2a 假设和"公交车吸引力与技术效率"部分公交系统的分组结果，本节采用多群组分析方法分别估计公交设施规模、技术效率和公交车吸引力在 4 个具有不同设施规模群组中的路径系数，估计结果如附录 A 所示。

图 4-7 简要地显示了公交设施规模、技术效率和公交车吸引力变量在 4 个群组中的标准化回归系数。对于公交设施规模最小的第Ⅰ组，公交线路长度对技术效率在 0.05 水平上显示出显著的积极影响（$t=0.412$，$p<0.05$）。考虑到通过 CCR 模型计算得到的技术效率得分包含了规模效率，公交线路长度与技术效率间显著的正向关系表明该组的公交系统是规模报酬递增的。同时，公交线路长度对万人拥车率、万人拥车率对公交车吸引力均在 0.01 水平上显示出显著的积极影响，表明在该组内，增加公交线路长度既能通过增加万人拥车率来增强公交车吸引力，又能通过提高技术效率来增强公交车吸引力。对于第Ⅱ组，其公交设施规模较第Ⅰ组有所增加，但公交线路长度对技术效率依然存在显著的积极影响（$t=0.248$，$p<0.05$），说明该组同样具有规模报酬递增的特点。在该组内，增加公交线路长度同样可以通过提高技术效率和万人拥车率两条路径来增强公交车吸引力。第Ⅲ组的公交设施规模在第二组基础上进一步增加，

然而，该组的公交线路长度对技术效率在 0.1 水平上显示出显著的消极影响（$t=-0.265$，$p<0.1$），表明该组的公交系统是规模报酬递减的。此时，尽管增加公交线路长度仍然可以通过万人拥车率继续增强公交车吸引力，但同时会大大降低技术效率。这意味着，盲目增加公交线路可能导致设施供给过量。有趣的是，这正是第Ⅳ组所处的情况。第Ⅳ组具有最大的公交设施规模，而其规模报酬递减的比率较第Ⅲ组也是更大更显著的（$t=-0.477$，$p<0.05$）。而且，该组的公交线路长度对万人拥车率的积极影响是不显著的，表明在该组内，增加公交线路长度只能通过降级技术效率而降低公交车吸引力。以上多群组分析结果支持了 H4-2a 假设。

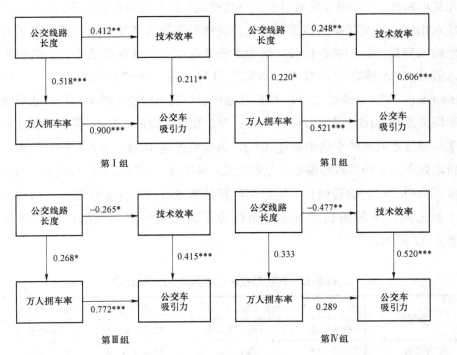

注：标准化回归系数；"***"表示 $p<0.01$；"**"表示 $p<0.05$；"*"表示 $p<0.1$。

图 4-7　多群组分析路径图

4.5　稳健性检验

值得注意的是，本章的关键变量技术效率是测算出来的，其数值可能存在不确定性，这种不确定性可能对本章的实证分析结果产生影响。因此，为解决技术效率的不确定性问题，本研究采用两种新方法重新测算技术效率：Bootstrap-DEA 和在原 DEA 模型中增加新变量。Bootstrap-DEA 能够修正原 DEA 测算的效率值，规避小样本产生的偏差，使技术效率结果更加准确，增加其可靠性。增加新变量可以更充分地提取有效信息得到更客观的结果。对于投入指标，公交线路条数能够捕捉公交线网的规模和复杂度，并通过了与其他输入变量间的相关性检验，因此本研究选取公交线路条数作为新的投入加入到原 DEA 模型中。最终，本研究得到了两个新的技术效率得分。对于 Bootstrap-DEA，经过 2 000 次重复抽样后得到的新技术效率与原技术效率的平均偏差是 0.05，偏差方差是 0.09；对于新增变量的 DEA，得到的新技术效率与原技术效率的平均偏差是-0.02，偏差方差是 0.04。两种新技术效率与原技术效率的平均偏差和偏差方差都很低，说明技术效率测算较为稳健。为进一步证明研究结论的稳健性，检验两种新技术效率的中介效应是否依然成立，本研究应用两种新技术效率重新估计了因果逐步回归模型，回归结果如表 4-12 所示。

表 4-12　两种新技术效率因果逐步回归结果

因变量	Bootstrap-DEA		增加了公交线路条数的 DEA	
	技术效率	公交车吸引力	技术效率	公交车吸引力
解释变量	模型 4-7	模型 4-8	模型 4-9	模型 4-10
公交线路长度	-0.232*	-0.075	-0.251**	-0.067
	(0.000)	(0.001)	(0.000)	(0.001)
万人拥车率		0.689***		0.723***
		(1.097)		(1.111)

76

因变量	Bootstrap-DEA		增加了公交线路条数的 DEA	
	技术效率	公交车吸引力	技术效率	公交车吸引力
技术效率		0.528*** (14.028)		0.558*** (11.819)
人均 GDP	0.056 (0.000)	0.069 (0.000)	0.085 (0.000)	0.041 (0.000)
人口密度	−0.062 (0.000)	−0.031 (0.003)	−0.077 (0.000)	−0.026 (0.003)
私家车保有率	−0.107 (0.077)	−0.036 (12.849)	−0.076 (0.092)	−0.050 (12.977)
网约车	−0.208** (0.012)	−0.072* (2.049)	−0.214*** (0.014)	−0.061 (2.086)
有无地铁	0.279** (0.061)	0.078 (10.339)	0.323*** (0.073)	0.047 (10.599)
公交票价	−0.126 (0.000)	0.075 (0.016)	−0.102 (0.000)	0.071 (0.016)
服务频率	0.005 (0.024)	−0.025 (5.589)	0.297*** (0.029)	−0.211*** (5.783)
可达性	0.107 (0.166)	−0.047 (31.877)	0.071 (0.199)	−0.015 (32.206)
覆盖率	0.044 (0.002)	0.050 (0.033)	0.096 (0.002)	0.014 (0.339)
样本数	152	152	152	152
F-value	2.384	53.023	4.635	51.424
Prob$>F$	0.012	0.000	0.000	0.000
R-squared	0.145	0.821	0.247	0.816
Adj_R-squared	0.084	0.805	0.194	0.800

注：标准化回归系数；括号中为标准误；"***"表示 $p<0.01$；"**"表示 $p<0.05$；"*"表示 $p<0.1$。

模型 4-7 的结果显示了公交线路长度对 Bootstrap-DEA 技术效率的影响，公交线路长度的回归系数是负的，且显著（$t=-0.232$，$p<0.1$）；模型 4-8 的结

果显示了技术效率对公交车吸引力的影响，是显著正的（$t=0.528$，$p<0.01$）。这些结果与前面的分析一致，说明 Bootstrap-DEA 技术效率的中介效应仍然成立。同样的，对新增公交线路条数得到的新技术效率，模型 4-9 的结果显示公交线路长度对新技术效率产生了显著的消极影响（$t=-0.251$，$p<0.05$），模型 4-10 的结果显示新技术效率对公交车吸引力的影响是显著正的（$t=0.558$，$p<0.01$），表明新增公交线路条数得到的新技术效率同样存在中介效应。综上分析，认为分析结果是稳健的。

4.6 本章小结

为了探索为什么我国的公交设施不断扩大，而公交车客流量并未持续增加的原因，本章引入技术效率作为公交设施规模和公交车吸引力之间的中介变量。以我国 2015 年 152 个城市公共交通为样本，检验了技术效率的中介效应，构建了包含公交设施规模、技术效率和公交车吸引力变量的路径分析模型。此外，基于每个公交系统的技术效率和公交车吸引力表现，本章将 152 个公交系统分成了具有不同公交设施规模的 4 个群组，并应用多群组分析方法检验了公交设施规模、技术效率和公交车吸引力在不同群组内可变的作用关系。相关结论如下：

首先，技术效率在公交设施规模和公交车吸引力间存在显著的中介效应。从公交系统总体看，公交线路长度对技术效率存在显著的负向影响，而技术效率对公交车吸引力存在显著的正向影响。与此同时，技术效率在万人拥车率和公交车吸引力之间并不存在显著的中介效应，万人拥车率对公交车吸引力只显示出显著的直接的正向影响。

其次，公交线路长度对万人拥车率显示出显著的正向影响，同时，万人拥车率显著地正向影响公交车吸引力，因此，万人拥车率实际上是公交线路长度与公交车吸引之间的另一个中介变量。以上结果表明，从公交系统总体看，增加公交线路长度可以通过提高万人拥车率来增强公交车吸引力，但同时亦有可能因为技术效率的降低而削弱公交车吸引力。

　　最后，技术效率在公交设施规模和公交车吸引力间的中介效应会随着公交设施规模的发展而变化。具体来说，对于设施规模较小的公交系统，技术效率的中介效应是积极的，即是规模报酬递增的；而对于设施规模较大的公交系统，技术效率的中介效应是消极的，即是规模报酬递减的。

第 5 章

公交服务质量对公交车
吸引力的影响

　　本章构建了公交服务质量、私家车保有量、私家车使用和公交车吸引力的假设模型，应用常州市居民 334 份出行数据，检验了公交服务质量对公交车吸引力的影响机制。回答了本研究的第二个研究问题：改善公交服务质量能否抑制私家车保有量，并能否将私家车使用者从私家车出行转移到公交车出行？

5.1　引　　言

　　近年来，随着我国社会经济的快速发展，城镇化进程逐步推进，人民生活水平显著提高，私家车保有量持续增长。与其他交通方式相比，私家车更加快速、舒适、便捷，能携带物品、提供私密空间。并且，许多人认为拥有一辆私家车、驾驶私家车是一种社会地位的象征。然而，私家车是主要的能源消耗品之一，其排放的二氧化碳、甲烷和氮氧化物等温室气体导致全球变暖。同时，大量的私家车使用给城市带来了交通拥挤、噪声、交通事故等问题，严重降低了城市居民的生活质量。因为过多的私家车使用对人类环境和公共健康的负面影响日益加剧，如何将私家车出行转变成公共交通出行、提高公共交通出行分担率成为许多国家交通政策的主要目标之一。

　　通过优先发展公共交通、改善公共交通服务质量来抑制出行者的购车行为、转变私家车使用行为成为许多国家和地区的一致选择。如果大部分人因为高质量的公交服务不购买私家车、坚持使用公共交通，或者拥有私家车但不使用私家车、依然使用公共交通，那么优先发展公共交通就可以达到缓解交通压力的政策目标。但从我国城市实践公交优先发展战略的结果看，虽然城市公共交通取得了显著发展，但城市交通依然拥堵严重，公共交通在缓解交通拥堵方面的重要作用并未充分发挥。因此，现在需要验证的问题是：高质量的公交服务到底能否抑制没有私家车出行者的购车行为？能否转变拥有私家车出行者的交通方式选择行为？

查阅已有研究文献发现，关于公交服务质量、私家车保有量和交通方式转移的实证研究可大致分成两类：第一类是在改善公交服务质量的假定情境下，出行者主观的交通方式选择行为研究；第二类是关于公交服务质量、私家车保有量和客观的交通方式选择行为间的研究，即对公交服务质量、私家车保有量对公共交通使用的影响研究，和公交服务质量、私家车保有量对私家车使用的影响研究，二者选择其一。对于第一类研究，人们的意向选择行为并不能完全代表真实的选择行为，将公交服务质量与主观的交通方式转移的研究结论应用到客观实际时还需持谨慎态度。而第二类研究认为，公共交通使用增加意味着私家车使用减少，而私家车使用减少也意味着公共交通使用增加。然而，关于公共交通使用和私家车使用间的作用关系却少有研究，只有 1989 年 Kitamura 发现公共交通使用的增加并不会引起私家车使用的减少。因此，研究公交服务质量能否真正地转变私家车拥有者的交通方式选择行为不能只探讨公交服务质量对某一种交通方式使用的影响，同时分析公交服务质量对私家车和公交车两种交通方式使用行为的影响是必要的。基于此，本章构建同时包含公交服务质量、私家车保有量、私家车使用和公交车吸引力的假设模型，以期回答本研究的第二个研究问题。

5.2 研 究 假 设

5.2.1 公交服务质量与公交车吸引力

当探寻公交车客流量或者个体交通方式选择行为的影响因素时，学者们发现公交服务质量可对公交车吸引力产生显著的积极影响。2000 年 Syed 和 Khan 分析了加拿大渥太华卡尔顿公交车客流量的影响因素，发现公交车信息化水平、信息可得性、便利性、安全性、票价、整洁性等公交服务质量特征是影响公交车客流量的关键因素。2017 年 Birago 等通过问卷方式询问了 134 个通勤者使用私家车、不使用公共交通的原因，发现公共交通可达性差、等待时间长、不准时、车内过分拥挤等是造成加纳阿克拉市通勤者不使用公共交通的主要原因。而 2017 年 Chakrabarti 同样利用问卷方式调研了加利福尼亚拥有私家车却依然坚持使用公共交通的居民，发现使用公共交通的拥有私家车的居民大多是因为公交车辆行驶快速、发车频繁、等待时间短、可靠性高、少换乘等原因。由此可见，公交服务质量的高低是人们是否使用公交车的重要原因之一。

此外，在公交服务质量属性与公交车吸引力研究中：经济性方面，2003 年 Fujii 和 Kitamura，2008 年 Thøgersen 和 Møller，2009 年 Thøgersen 分析了免费公交对私家车拥有者的影响，发现免费公交车能够成功吸引私家车拥有者使用公交车；快速性方面，2005 年 Pucher 等研究发现韩国首尔新增的公交专用道使公交车速从 11 km/h 提高到 22 km/h，一个月后，公交车客流量增加 400 万人次；便利性方面，2004 年 Matas 发现，综合票务系统取代了原来复杂的乘车收费系统，大大提高了乘客使用公交车的便利性，直接引起了公交车客流量的上升；而公交服务质量的其他属性，如可达性、可靠性、舒适性等，亦被检验出对公交车使用的积极影响。

总的来说，高质量的公交服务代表了经济低廉的价格、平稳快捷的出行时间和舒适安全的乘车环境，这些因素降低了公交出行费用、缩减了出行时间、优化了出行者乘坐公交车的主观感受，进而降低了公交车出行总成本，最终增强了公交车吸引力。因此，对于公交服务质量与公交车吸引力，本文提出如下假设：

H5-1：公交服务质量对公交车吸引力产生积极影响。

5.2.2　公交服务质量、私家车保有量与公交车吸引力

既然高质量的公交服务可以较好地满足公众的出行需求，那么人们还会购买私家车吗？因此，一些学者探讨了公交服务质量对私家车保有量的影响。2002 年 Cullinane 使用香港 389 名大学生的调查问卷评估了公交服务质量对私家车保有量的影响。结果表明，既好又便宜的公交服务可以有效抑制私家车保有量。2004 年 Kim H S 和 Kim E 开发了一个计量模型来预测公交可达性对私家车拥有的影响。本研究发现，公交可达性对私家车保有量有显著的负向影响，具体地说，当最近的公交站点在 0.1 mile 以内时，私家车保有量可减少约 9%。以上研究表明，提高公交服务质量可显著降低私家车保有量。

对于一个城市或地区，私家车保有量在一定程度上决定了公交车客流量水平。1967 年 Shindler 和 Ferreri 发现，一个地区高质的公交服务可以有效抑制私家车保有量，但是，对于给定的私家车保有量，不管这个地区的公交服务质量如何，其大部分公交车客流量就已被确定了。1978 年 Bly 和 Oldfield 检验了美国 1964—1976 年间私家车保有量对公交车使用的影响，发现私家车保有量的增长解释了近 40% 的公交车客流量的下降。对于出行个体，是否拥有私家车是影响其交通方式选择行为的关键因素之一。拥有私家车意味着在出行过程中多了一个可以使用私家车的出行选择，而选择私家车出行就意味着放弃公交车出行。因此，私家车保有量被检验出对私家车使用有显著的积极影响，对公交车使用则具有显著的消极影响。基于以上分析，本文提出如下假设：

H5-2：公交服务质量对私家车保有量产生消极影响。

H5-3：私家车保有量对公交车吸引力产生消极影响。

5.2.3 公交服务质量、私家车保有量与公交车吸引力

改善公交服务质量能否转变私家车使用者的交通方式选择行为问题一直备受关注。学者们调研了私家车使用者在交通方式选择上的主观意愿，发现如果公交服务是快速的、可靠的，大部分居民愿意放弃私家车而选择公交车出行。2008 年 Eriksson 等通过问卷直接询问使用私家车的上班族"什么能够让你减少私家车的使用？"，改善公交服务质量是被选择频率最高的措施之一。而在改善公交服务质量中，缩短发车间隔时间、缩短出行时间、无换乘和低票价分别是被选择最多的前四项措施。2001 年 Mackett 基于英国的一个项目的调查结果，探讨了可能吸引私家车使用者在短途出行中（出行距离小于 8 km）放弃他们的私家车选择其他可替代出行方式的政策，发现能够减少私家车使用的最有效的政策是改善公交服务质量。因此，从出行者的主观意愿看，高质量的公交服务可以减少私家车的使用，同时增加公交车的使用。

然而，当通过计量模型分析公交服务质量对私家车使用行为的影响时发现，改善服务质量虽然可以降低私家车使用，但这种影响是暂时的、微小的。为什么居民对待改善公交服务质量的主观态度和实际行为存在如此大的差异？可能的原因是，在调查居民关于改善公交服务质量后的交通方式选择意愿时，被调查者所理解的改善公交服务质量是全面的、大规模的、效果良好的，而公交政策在实际实施过程中往往是孤立的、零碎的、无法达到预期的。因此，1995 年 Pharoah 和 Apel，1999 年 Bratzel，2002 年 Cullinane 等研究认为，只有全面提高公交服务质量才能对私家车使用产生巨大、深远的影响。虽然以上研究结论存在差异，公交服务质量对私家车使用的消极影响始终是被一致认可的。

最后，关于私家车保有量、私家车使用和公交车使用 3 个变量间的作用关系，1989 年 Kitamura 采用荷兰国家调查组获得的居民出行样本研究了私家车保有量对两种交通方式使用行为的影响。发现私家车保有量对私家车使用存在显著的积极影响，私家车使用又进一步地对公交车使用存在显著的消极影响，但反过来的因果关系是不成立的。以上结果表明，私家车保有量增加直接导致

私家车使用的增加，而私家车使用的增加又进一步降低了公交车的使用，但反过来，公交车使用的增加不会降低私家车的使用。因此，本研究提出如下假设：

H5-4：公交服务质量对私家车使用产生消极影响。

H5-5：私家车保有量对私家车使用产生积极影响。

H5-6：私家车使用对公交车吸引力产生消极影响。

依据以上假设，本研究构建了公交服务质量、私家车保有量、私家车使用和公交车吸引力变量之间的假设模型，如图 5-1 所示。

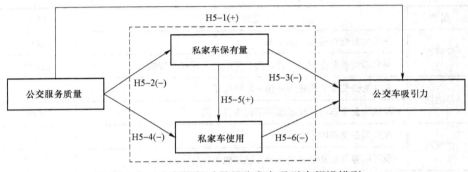

图 5-1　公交服务质量与公交车吸引力假设模型

5.3　研　究　设　计

5.3.1　变量测量

根据本研究构建的假设模型（如图 5-1 所示），本章需要测量的变量包括公交服务质量、私家车保有量、私家车使用和公交车吸引力。每个变量的测量均是个体层面上的，即出行者的出行行为和感知。每个变量的测量指标和题项的选取既参考了已有文献的量表指标，又在我国公交优先战略背景下依据我国城市居民出行特点进行了补充和修改。

1. 公交服务质量

依据 3.4 节中对公交服务质量属性的界定，公交服务质量包括了经济性、可达性、便利性、快速性、准确性、舒适性和安全性 7 个属性。因此，本章从这 7 个方面选取了 12 个观察指标来测量公交服务质量。7 个属性所对应的观察指标汇总如表 5-1 所示。所有观察指标均采用 Likert 九级量表，1 代表极端不同意，5 表示不清楚，9 代表极端同意。

表 5-1　公交服务质量观察指标一览表

属性	观察指标	符号
经济性	我认为公交车的出行成本低	Econ1
	与我得到的服务相比，我认为公交车的出行成本较低	Econ2
可达性	我认为公交车的步行到站和离站时间短	Acces1
	我认为公交车可以满足我的不同出行目的	Acces2
便利性	我认为公交车的直达性好	Conv1
	我可以容易地获取公交车的行驶路线等信息	Conv2
快速性	我认为公交车的行驶速度是合适的	Speed
准确性	我认为公交车的准时性好	Punc
舒适性	我认为公交车的出行环境好	Comf1
	公交车让我感觉很好，出行过程总是很愉快	Comf2
安全性	我认为公交车得以很好地保障我的人身安全和财产安全	Safe1
	我比较信任公交车的司机	Safe2

对于经济性，Econ1 指标测量了公交车的绝对成本，Econ2 指标测量了公交车的相对成本，即性价比。对于可达性，Acces1 指标测量了公交车服务供给的深度，Acces2 指标测量了公交车服务供给的广度。对于便利性，Conv1 指标测量了公交车换乘的便利程度，Conv2 指标测量了出行者获得公交车服务信息的便利程度。对于舒适性，Comf1 指标测量了公交车基础设施提供的环境是否友好，Comf2 指标测量了出行者乘坐公交车时的整体感受。对于安全性，Safe1

指标直接测量了公交车是否安全，Safe2 指标测量了出行者是否放心使用公交车。

2. 私家车保有量

在本章中，私家车保有量（PCO）指的是出行者个人是否拥有私家小汽车。若出行者拥有私家车，则取值为 1，否则取值为 0。

3. 私家车使用

在本章中，私家车使用指的是出行者在日常生活中使用私家车的行为，本研究选择"每周使用私家车的出行次数"指标来代表私家车的使用频次。与此同时，对于出行者来说，工作日（周一至周五）出行方式的选择和周末（周六和周日）出行方式的选择可能存在些许差异。工作日的出行主要是通勤出行，相对于非工作日的日常出行（如购物、聚餐等）来说，通勤出行常发生在早晚高峰时段，更容易遇到交通拥堵、目的地停车位紧张等问题。因此，本研究进一步选择工作日和周末两个时间段的"私家车的出行次数"指标来测量私家车使用。所有观察指标汇总如表 5-2 所示。

表 5-2　私家车使用观察指标一览表

观察指标	符号	取值
每周工作日选择私家车出行的平均次数	PCU1	1 代表 0 次，2 代表 1～10 次，3 代表 11～20 次，4 代表 20 次以上
每周周末选择私家车出行的平均次数	PCU2	1 代表 0 次，2 代表 1～2 次，3 代表 3～4 次，4 代表 5 次以上

4. 公交车吸引力

依据公交车吸引力定义，对于出行个体，使用公交车越频繁代表公交车吸引力越强。因此，与私家车使用相同，本研究同样采用"每周工作日使用公交车的次数"和"每周周末使用公交车的次数"指标来测量公交车吸引力。所有观察指标汇总如表 5-3 所示。

表 5-3 公交车吸引力观察指标一览表

观察指标	符号	取值
每周工作日选择公交车出行的平均次数	PTA1	1 代表 0 次，2 代表 1～10 次，3 代表 11～20 次，4 代表 20 次以上
每周周末选择公交车出行的平均次数	PTA2	1 代表 0 次，2 代表 1～2 次，3 代表 3～4 次，4 代表 5 次以上

由私家车使用和公交车吸引力的测量指标可以看出，私家车使用和公交车吸引力两个潜变量分别代表了出行者使用私家车和公交车的行为习惯。私家车的出行次数多、常使用私家车出行往往意味着公交车的出行次数少、不常使用公交车出行。因此，两个潜变量可能存在"此消彼长"的负相关关系。而降低私家车的使用次数、打破私家车使用习惯的同时，增加公交车的使用次数、养成使用公交车的出行习惯，正是出行者从私家车转向公交车的行为转变。可见，两个潜变量测量指标的选择符合本章研究目的。

5. 控制变量

依据 2014 年 Paulssen 等，2014 年景鹏等，2016 年付学梅和隽志才等的研究结果，本章选择性别、年龄、婚姻状况、学历、工资水平、家庭年收入、家中最小成员年龄、家庭成员数目、有无房产、有无房贷、出行距离等个人及家庭社会经济属性和出行需求特征作为控制变量加入到检验模型中。这里的家庭特征指出行者常住地家庭特征，并不包括其他城市中的亲属。所有控制变量及其取值情况如表 5-4 所示。

表 5-4 控制变量一览表

变量		符号	取 值
个体特征	性别	Gender	1 代表男，0 代表女
	年龄	Age	1～3 依次代表 24 岁及以下、25～55 岁、56 岁及以上
	婚姻状况	Marriage	1 代表已婚，0 代表未婚
	学历	Edu	1～5 依次代表初中及以下、高中、专科、本科、硕士及以上
	工资	Salary	1～4 依次代表 5 000 元及以下、5 001～8 000 元、8 001～12 000 元、12 000 元以上

变量		符号	取　值
家庭特征	最小成员年龄	Child	1～4 依次代表 3 岁及以下、4～12 岁、13～18 岁、19 岁及以上
	成员数目	Member	1～4 依次代表 2 人及以下、3～4 人、5～6 人、7 人及以上
	年收入	Income	1～6 依次代表 3 万元及以下、3.01 万～8 万元、8.01 万～12 万元、12.01 万～20 万元、20.01 万～30 万元、30 万元以上
	房产	Estate	1 代表有，0 代表没有
	房贷	Load	1 代表有，0 代表没有
出行需求特征	出行距离	Distance	1～7 依次代表 2.5 km 及以下、2.6～5 km、5.1～7.5 km、7.6～10 km、10.1～15 km、15.1～20 km、20 km 以上

5.3.2　问卷设计与实施

　　基于本章所选的研究变量，本章的问卷调查问题主要包括 3 个方面：一是受访者的个人及家庭社会经济特征，包括性别、年龄、学历、工资水平、是否拥有私家车等；二是受访者的出行行为信息，包括出行时间、出行距离、私家车和公交车的出行次数等；三是公交服务质量信息，设计 12 道问题分别从经济性、可达性、便利性、快速性、准确性、舒适性和安全性 7 个方面进行测量。为避免受访者产生厌烦心理进而影响答题准确度，问卷中所有题目均采用选择题的形式进行提问。

　　由于本章的研究目的是分析公交服务质量对公交车吸引力的影响，因此，选取的调查范围应该是在公交发展水平较高的地区。常州市作为经济发达的长三角地区的核心城市之一，在大力发展公交车、缓解城市交通拥堵方面走出了一条值得借鉴的道路。2007 年以前，常州市区公交发展缓慢，公交运行速度慢、准点率低，低水平的公交服务再加上快速增长的私家车数量，造成了常州市内严重的交通拥堵。此时，常州市区公交出行比例只有 9% 左右。2007 年初，常州市政府提出了"优先发展公交，来一场公交革命"的号召，制定了《常州市 2007 年公交优先发展实施方案》，并提出了《2008—2010 年常州公交优先发展配套提升三年实施方案》。围绕着这两个方案，常州在随后的几年内加快公交基础设施建设、推行低票价政策、发展快速公交，截至 2015 年，已基本形成"二主八支二区间二环线"的快速公交网络。更重要的是，常州市直到 2019 年 9 月才开通轨道交通，在此之前一直只有公交车，这为本研究的问卷调查提供了理想环境。

本研究于 2016 年 5 月上旬，选择常州市新北万达广场附近区域，采用随机抽样、路边现场调查法，对附近居民进行实地调研。常州市新北万达广场地处新北区中心地带，与周边的旺角广场、丰臣国际广场、力宝广场共同组成新北区商业中心。这一区域聚集了购物、餐饮、办公、居住等多种功能，该区域公交设施相对完善、人员构成复杂、人口密度较大，较适合进行问卷调研。为了最大限度地保证问卷的真实性和有效性，研究人员亲自到现场发放和回收问卷，并为每位受访者提供 15 元现金奖励。经过此次调查，研究人员共获得 355 份居民出行信息。剔除不完整和错误问卷后，最终获得有效问卷 334 份。相关变量的均值、标准差等描述性统计信息如表 5-5 所示。

表 5-5　相关变量描述性统计信息

变量名称	最大值	中位数	最小值	均值	标准差
Gender	1	0	0	0.41	0.49
Age	3	3	1	3.00	0.87
Marriage	1	1	0	0.66	0.47
Edu	5	3	1	3.00	1.13
Salary	4	3	1	2.84	1.16
Child	4	2	1	2.64	1.17
Member	4	2	1	2.30	0.63
Income	6	3	1	2.87	1.28
Estate	1	1	0	0.77	0.42
Load	1	0	0	0.41	0.49
Distance	7	2	1	2.56	1.58
Econ1	9	7	1	6.32	2.31

续表

变量名称	最大值	中位数	最小值	均值	标准差
Econ2	9	7	1	6.15	2.26
Acces1	9	5	1	5.07	2.19
Acces2	9	6	1	5.62	2.18
Conv1	9	5	1	5.23	2.17
Conv2	9	6	1	5.89	2.30
Speed	9	6	1	5.30	2.13
Punc	9	5	1	5.08	2.08
Comf1	9	5	1	5.11	2.09
Comf2	9	6	1	5.38	2.23
Safe1	9	6	1	5.43	2.16
Safe2	9	6	1	5.94	2.23
PCO	1	0	0	0.37	0.48
PCU1	4	2	1	1.96	0.97
PCU2	4	2	1	1.94	1.06
PTA1	4	2	1	1.99	0.93
PTA2	4	2	1	2.07	1.05

5.3.3　问卷信度和效度检验

问卷量表的信度和效度检验是进行数据分析的必要前提。信度（reliability）即可靠性，指的是采用相同的方法重复测量同一对象所得结果的一致性和稳定性的程度。Cronbach's α 信度系数是最常用的信度检验指标。Cronbach's α 信度系数的取值范围为 0～1，该系数越靠近 1，说明数据的信度越高。2011 年 George 对 Cronbach's α 信度系数给出了以下判断标准：系数大于 0.9 认为数据的信度非常高；系数为 0.8～0.9 认为数据信度比较高；系数为 0.7～0.8 认为数据信度可接受；系数为 0.6～0.7 认为数据信度基本可接受；系数小于 0.6 则认为数据信度比较差，需要重新考虑修正调查量表。本研究同样采用 Cronbach's α 信度系数对收集到的数据进行信度检验，结果如表 5-6 所示。可以看出，3 个潜变量的 Cronbach's α 信度系数均在 0.7 以上，表明该量表的可靠性较高、内部一致性较好。

表 5-6　信度和效度检验结果

潜变量	观测变量	标准因子载荷		
公交服务质量	Econ1	0.73***		
	Econ2	0.75***		
	Acces1	0.67***		
	Acces2	0.68***		
	Conv1	0.70***		
	Conv2	0.78***		
	Speed	0.69***		
	Punc	0.74***		
	Comf1	0.76***		
	Comf2	0.70***		
	Safe1	0.77***		
	Safe2	0.73***		
私家车使用	PCU1		0.86***	
	PCU2		0.84***	
公交车吸引力	PTA1			0.80***
	PTA2			0.72***
Cronbach's α		0.930	0.732	0.838
CR		0.930 2	0.838 9	0.733 0
AVE		0.526 8	0.722 6	0.579 2

注："***" 表示 $p < 0.01$。

效度（validity）即有效性，指测量工具或手段能够准确测出所需测量的事物的程度。内容效度指不同概念的度量之间的关系必须与关于这些概念的理性推导的假设一致，主要作用是检验内容是否合理、是否符合逻辑。本研究的问题设置是在前期的理论研究基础上根据研究目标修改得到的，所增加的问题均与研究变量紧密联系，因此，认为具有内容有效性。收敛效度指运用不同测量方法测定同一特征时测量结果的相似程度，强调那些应属于同一潜变量下的测量项，测量时确实落在同一潜变量下面。本研究采用验证性因子分析（confirmatory factor analysis，CFA）进行收敛效度检验，CFA 分析结果如表 5-6 所示。可以看出，各题项的标准因子载荷均在 0.05 水平上显著，且大于 0.6，AVE 值全部大于 0.5，CR 值均大于 0.7，表明本研究量表数据具有优秀的收敛效度。区别效度强调本不应该在同一潜变量下的测量项，测量时确实不在同一潜变量下面。本研究使用每个潜变量的 AVE 根号值是否均大于该潜变量与其他潜变量的相关系数最大值来判断，AVE 根号值与潜变量间的相关系数如表 5-7 所示。可以看出，所有潜变量的 AVE 根号值均大于该潜变量与其他潜变量的相关系数，因此，本研究量表具有较好的区别效度。综上分析，本研究的问卷量表通过了信度和效度检验。

表 5-7   潜变量间 Pearson 相关系数与 AVE 根号值

潜变量	公交服务质量	私家车使用	公交车吸引力
公交服务质量	0.722		
私家车使用	−0.370***	0.850 1	
公交车吸引力	0.444***	−0.702***	0.761 1

注："***"表示 $p < 0.01$；斜对角线数字为 AVE 根号值。

5.3.4   模型构建

结构方程模型（structural equation model，SEM）是一种构建模型、估计参数和检验模型因果关系的实证方法，其中既可以包括可直接观察测量的观测变量，又可以包括不可直接观察测量的潜变量；既可反映出多项观测变量与单项潜变量间的关系，又能够检验各潜变量之间复杂的层次关系。在本章研究中，公交服务质量、私家车使用和公交车吸引力变量均是不可直接测量的潜变量，同时，假设模型中不仅存在一个自变量和一个因变量，还存在以私家车保有量和私家车使用两个变量为中介的多条影响路径。因此，本章采用结构方程模型来检验公交服务质量、私家车拥有量、私家车使用和公交车吸引力4个变量间的作用关系。

结构方程模型包括两个部分：测量模型和结构模型。测量模型由潜变量和观测变量组成，潜变量被表示为一组观测变量的线性函数。本章的公交服务质量（TSQ）、私家车使用（PCU）和公交车吸引力（PTA）3个潜变量的测量模型可用如下方程表示：

$$x = \Lambda_1 TSQ + \delta_1 \tag{5-1}$$

$$y = \Lambda_2 PCU + \delta_2 \tag{5-2}$$

$$z = \Lambda_3 PAT + \delta_3 \tag{5-3}$$

式中，x 代表公交服务质量（TSQ）的观测变量列向量，即 Econ1、Econ2、Acces1、Acces2、Conv1、Conv2、Speed、Punc、Comf1、Comf2、Safe1、Safe2；y 代表私家车使用（PCU）的观测变量列向量，即 PCU1-PCU2；z 代表公交车吸引力（PTA）的观测变量列向量，即 PTA1-PTA2；Λ_1、Λ_2、Λ_3 分别为 x、y、z 观测变量的因素负荷量；δ_1、δ_2、δ_3 分别为 x、y、z 观测变量的误差项。

结构模型是描述潜变量间线性关系的模型。作为原因的，未受其他变量影响的潜变量称为外因变量，作为结果的，受到其他变量影响的潜变量称为内因变量。依据本章的假设模型，公交服务质量（TSQ）是外因变量，而私家车保有量（PCO）、私家车使用（PCU）和公交车吸引力（PTA）均是内因变量。4个变量间的结构模型可用如下方程表示：

$$PCO = \beta_1 TSQ + \varepsilon_2 \tag{5-4}$$

$$PCU = \beta_2 TSQ + \beta_3 PCO + \varepsilon_3 \tag{5-5}$$

$$PTA = \beta_4 TSQ + \beta_5 PCO + \beta_6 PCU + \varepsilon_4 \tag{5-6}$$

式中，$\beta_1 \sim \beta_6$ 代表潜变量间关联的系数矩阵；$\varepsilon_2 \sim \varepsilon_4$ 代表内因变量的测量误差。根据 H5-1 假设，β_4 应显著为正值；根据 H5-2 假设，β_1 应显著为负值；根据 H5-3 假设，β_5 应显著为负值；根据 H5-4 假设，β_2 应显著为负值；根据 H5-5 假设，β_3 应显著为正值；根据 H5-6 假设，β_6 应显著为负值。

5.4 实 证 分 析

5.4.1 私家车和公交车出行者特征分析

基于出行个体的出行行为数据，本章同时探讨了私家车使用和公交车使用两个变量，那么，到底什么样的人在使用私家车、什么样的人在使用公交车呢？在检验公交服务质量、私家车保有量、私家车使用和公交车吸引力变量间的假设关系之前，分析出行者的个体及家庭社会经济特征对私家车使用和公交车吸引力的影响，进而选择合适的控制变量是非常必要的。因此，本研究首先对出行者个人及家庭社会经济特征、私家车保有量、私家车使用和公交车使用变量进行相关性检验，如表 5-8 所示。

由表 5-8 可以看出，大部分个人及家庭社会经济变量与私家车使用和公交车吸引力之间存在显著的相关性。并且，家庭年收入（Income）、婚姻状况（Marriage）、家中最小成员年龄（Child）和私家车保有量（PCO）4 个变量对私家车使用（PCU1 和 PCU2）和公交车吸引力（PTA1 和 PTA2）表现出相反的相关性，即 Income、Marriage、Child 和 PCO 对私家车使用（PCU1 和 PCU2）显示出显著的正相关关系，对公交车吸引力（PTA1 和 PTA2）显示出显著的负相关关系。同时，私家车使用（PCU1 和 PCU2）和公交车吸引力（PTA1 和 PTA2）之间存在显著的负相关性。以上结果初步表明私家车使用和公交车使用行为与出行者的个体及家庭的社会经济特征有关。

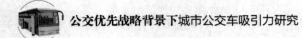
表 5-8 控制变量与内生变量的相关系数

相关系数	Gender	Age	Edu	Salary	Income	Estate	Load	Marriage	Child	Member	Distance	PCO	PCU1	PCU2	PTA1	PTA2
Gender	1															
Age	-0.007	1														
Edu	0.250***	-0.055	1													
Salary	0.281***	0.201***	0.371***	1												
Income	0.211***	0.073	0.421***	0.508***	1											
Estate	0.095	0.246***	0.212***	0.191***	0.252***	1										
Load	0.091	0.127***	0.164***	0.276***	0.202***	0.329***	1									
Marriage	-0.042	0.547***	-0.075	0.204***	0.122**	0.176***	-0.271***	1								
Child	0.015	-0.042	-0.060	-0.077	-0.117**	-0.113**	-0.166***	-0.448***	1							
Member	-0.127**	-0.011	-0.151***	-0.143***	-0.107	-0.056	-0.130**	0.062	-0.228***	1						
Distance	-0.018	0.070	0.075	0.059	0.065	0.109**	0.080	0.080	0.042	-0.061	1					
PCO	0.128**	0.172***	0.134***	0.232***	0.270***	0.170***	0.098	0.253***	-0.153***	-0.101	0.038	1				
PCU1	0.147***	0.140**	0.186***	0.225***	0.314***	0.191***	0.122**	0.226***	-0.182***	-0.065	0.048	0.672***	1			
PCU2	0.154***	0.137***	0.172***	0.254***	0.300***	0.145***	0.102	0.241***	-0.218***	0.017	0.075	0.690***	0.724***	1		
PTA1	-0.058	-0.145***	-0.034	-0.105	-0.165***	-0.115**	0.026	-0.221***	0.149***	0.059	0.040	-0.625***	-0.604***	-0.500***	1	
PTA2	-0.045	-0.053	-0.040	-0.075	-0.125**	-0.044	-0.017	-0.155***	0.151***	-0.051	-0.035	-0.566***	-0.487***	-0.496***	0.582***	1

注："**"表示 $p < 0.01$；"***"表示 $p < 0.05$。

接下来，为详细探讨性别、年龄、婚姻状况、学历、工资水平、家庭年收入、家中最小成员年龄、家庭成员数目、有无房产、有无房贷、出行距离等这些出行者的个体及家庭社会经济特征对私家车使用和公交车使用的影响，表 5-9 比较了不同群组出行者私家车和公交车使用次数均值。

表 5-9　不同群组出行者私家车与公交车使用次数均值

出行者情况		工作日私家车使用次数	周末私家车使用次数	工作日公交车使用次数	周末公交车使用次数
性别	女	1.84	1.81	2.03	2.11
	男	2.13	2.14	1.92	2.01
年龄	24 岁及以下	1.54	1.51	2.24	2.28
	25~55 岁	2.14	2.13	1.88	1.98
	56 岁及以上	1.50	1.25	2.00	2.25
学历	初中	1.83	1.70	2.00	2.20
	高中	1.72	1.74	1.98	2.06
	专科	1.96	1.91	2.06	2.08
	本科	2.13	2.19	1.98	2.09
	硕士	2.32	2.16	1.81	1.90
工资水平	5 000 元以下	1.86	1.81	2.03	2.10
	5 000~<8 000 元	2.27	2.32	1.93	2.07
	8 000~<12 000 元	2.39	2.48	1.74	1.96
	12 000 元及以上	2.36	2.55	1.55	1.73
家庭年收入	3 万元及以下	1.46	1.38	2.41	2.38
	3 万~<8 万元	1.81	1.80	1.91	2.05
	8 万~<12 万元	1.93	1.95	2.12	2.12
	12 万~<20 万元	2.27	2.11	1.89	2.04
	20 万~<30 万元	2.41	2.63	1.70	1.93
	30 万元及以上	2.77	2.69	1.46	1.46
有无房产	无房	1.62	1.66	2.18	2.16
	有房	2.06	2.03	1.93	2.05

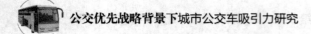

续表

出行者情况		工作日私家车使用次数	周末私家车使用次数	工作日公交车使用次数	周末公交车使用次数
有无房贷	无房贷	1.96	2.09	1.86	1.85
	有房贷	2.10	2.07	2.01	2.05
婚姻状况	未婚	1.66	1.59	2.27	2.30
	已婚	2.12	2.13	1.84	1.95
最小成员年龄	3 岁及以下	2.11	2.12	1.86	1.94
	4~12 岁	2.21	2.22	1.81	1.86
	13~18 岁	1.57	1.78	2.22	2.35
	19 岁及以上	1.78	1.65	2.14	2.25
成员数目	2 人及以下	2.32	1.84	1.95	2.37
	3~4 人	1.95	1.94	1.95	2.06
	5~6 人	1.93	1.97	2.03	2.05
	7 人及以上	1.82	1.91	2.27	1.91
出行距离	2.5 km 以下	1.81	1.78	1.97	2.09
	2.5~<5 km	2.10	2.05	1.90	2.04
	5~<7.5 km	1.87	1.79	2.09	2.11
	7.5~<10 km	1.78	1.88	2.28	2.38
	10~<15 km	2.24	2.40	1.88	1.96
	15~<20 km	2.27	2.09	1.91	1.82
	20~<30 km	1.89	2.00	2.11	1.78
	30 km 及以上	1.00	1.00	2.00	1.00

　　性别和年龄两个特征变量在一定程度上代表了出行者的劳动能力。由表 5-9 可以看出，对于女性出行者，其使用公交车的次数明显高于私家车，而男性出行者的两种交通方式使用次数未表现出明显差距；与此同时，在私家车使用次数上，男性（2.13 和 2.14）明显多于女性（1.84 和 1.81）。对于年龄特征变量，24 岁及以下和 56 岁及以上两个年龄段的出行者的公交车使用次数明显高于私家车，而 25~55 岁的出行者私家车使用次数明显高于公交车；在私

家车使用上，25～55 岁的出行者明显多于其他年龄段。以上结果说明劳动能力强的出行者（男性、25～55 岁）在交通方式选择上拥有更多的选择权，且更倾向于选择私家车。

学历、个人工资水平、家庭年收入、有无房产和有无房贷 5 个特征变量在一定程度上表征了出行个体的经济实力和社会地位。在学历特征上，随着学历的逐级增高，私家车使用次数存在一个缓慢增加的趋势，同时公交车的使用次数是缓慢降低的。同样地，对于个人工资水平和家庭年收入，随着两种收入的增加，私家车使用次数逐渐增加，公交车使用次数逐渐减少。有房产的出行者使用私家车的次数（2.06 和 2.03）明显高于无房产的出行者（1.62 和 1.66），同时，其使用公交车的次数（1.93 和 2.05）低于无房产的出行者（2.18 和 2.16）。而与无房贷的出行者相比，有房贷的出行者更倾向于公交车。以上对比结果表明，拥有较高经济实力和社会地位的出行者（高学历、高收入、有房产）更偏爱私家车出行，而较低经济实力和社会地位的出行者（低学历、低收入、无房产或有房贷）更偏爱公交车。

婚姻状况、最小成员年龄和家庭成员数目 3 个变量反映了出行者所在家庭特征。可以看出，已婚出行者的公交车使用次数（1.84 和 1.95）明显低于未婚出行者（2.27 和 2.30），说明未婚的出行者更倾向于使用公交车。家中最小成员年龄小于 12 岁以下的出行者的私家车使用次数明显高于公交车，而家中最小成员年龄大于 12 岁以上的出行者的私家车使用次数明显低于公交车，这说明家中有学龄初期儿童的出行者更倾向于使用私家车，而无学龄初期儿童的出行者更倾向于使用公交车。可能的原因是家中最小成员年龄小于 12 岁以下的出行者在日常出行中有接送孩子就学的需求，因此更加偏向私家车的便利性和可靠性。对于成员数目特征变量，随着成员数目的增加，私家车使用次数逐渐降低，而工作日时间的公交车使用次数逐渐增多，说明家中人口数越多，越有可能使用公交车。

出行距离特征变量是出行需求的重要特征。对比 8 个不同出行距离对应的私家车使用次数和公交车使用次数，未发现私家车使用和公交车使用随着出行距离增加的变化趋势。但是，对于 7.5～<10 km 的出行距离，其公交车使用

次数（2.28 和 2.38）明显高于私家车使用次数（1.78 和 1.88），说明在该出行距离区间内的出行者更偏向于公交车出行。这可能是因为该出行距离区间内的出行可以较好被公交车满足。

综合以上对比分析结果，我们发现，性别、25～55 岁年龄段、学历、个人工资水平、家庭年收入、有无房产、有无房贷、婚姻状况、家中最小成员年龄是否小于 12 岁、家中成员数目和 7.5～<10 km 的出行距离均有可能影响私家车使用和公交车使用行为。因此，接下来本章应用多元线性回归分析方法进一步检验这 11 个特征变量对私家车使用和公交车使用的影响，估计结果如表 5-10 所示。其中，Age_2 表示年龄是否为 25～55 岁；Child_2 表示家中最小成员年龄是否小于 12 岁；Distance_4 表示出行距离是否为 7.5～<10 km。

年龄是否为 25～55 岁、家中最小成员年龄是否小于 12 岁和家庭年收入 3 个特征变量均显示出对工作日期间私家车使用的显著的积极影响，说明年龄为 25～55 岁、家中最小成员年龄小于 12 岁、家庭年收入越高的出行者，在工作日期间使用私家车的次数越多。而对于周末期间的私家车使用，除了以上 3 个变量，性别变量亦在 0.1 水平上表现出对其存在正向的影响，说明男性出行者在周末期间更倾向于使用私家车。接下来，可以看到，家庭年收入、有无房产、婚姻状况和家中最小成员年龄是否小于 12 岁 4 个变量可显著消极影响工作日期间的公交车使用，而有无房贷、家中成员数目和出行距离是否为 7.5～<10 km 则具有显著的积极影响，说明家庭年收入越低、无房产或有房贷、未婚、家中没有年龄小于 12 岁的儿童、家中人口数越多、出行距离为 7.5～<10 km 的出行者，在工作日期间使用公交车的次数越多。而对于周末期间的公交车使用，只有家中最小成员年龄是否小于 12 岁和出行距离是否为 7.5～<10 km 两个变量在 0.1 水平上分别对其显示出显著的消极影响和积极影响，说明出行者在周末使用公交车主要考虑的是有无小于 12 岁人口和出行距离因素。

由以上分析可以看出，两类交通方式在工作日与周末两个时间使用的影响因素并不完全相同，说明出行者在工作日的通勤出行和周末的自由出行的交通方式选择中会考虑不同的因素。尤其是公交车的使用，出行者在工作日使用公交车更加侧重家庭的经济性因素，如家庭年收入、有无房产、有无房贷等，而周末使用公交车更加侧重出行的便利性，即无小于 12 岁人口和出行距离不远的出行者才会频繁地使用公交车。

表 5-10　出行者特征变量对两种出行方式使用影响分析结果

解释变量	PCU1	PCU2	PTA1	PTA2	VIF
Gender	0.080 (0.105)	0.092* (0.117)	−0.039 (0.106)	−0.036 (0.123)	1.134
Age_2	0.152** (0.140)	0.111* (0.154)	−0.038 (0.140)	−0.039 (0.163)	1.717
Edu	0.027 (0.051)	0.031 (0.057)	0.046 (0.052)	0.013 (0.060)	1.424
Salary	−0.008 (0.054)	0.057 (0.059)	0.000 (0.054)	0.009 (0.062)	1.618
Income	0.202*** (0.047)	0.182*** (0.052)	−0.121* (0.047)	−0.094 (0.055)	1.526
Estate	0.078 (0.128)	0.031 (0.141)	−0.095* (0.128)	−0.007 (0.149)	1.218
Load	−0.036 (0.111)	−0.043 (0.123)	0.166*** (0.111)	0.053 (0.129)	1.256
Marriage	0.070 (0.141)	0.109 (0.156)	−0.172** (0.142)	−0.086 (0.164)	1.892
Child_2	0.120** (0.114)	0.104* (0.126)	−0.111* (0.114)	−0.119* (0.133)	1.368
Member	−0.068 (0.083)	0.023 (0.092)	0.102* (0.083)	−0.022 (0.097)	1.135
Distance_4	−0.069 (0.167)	−0.026 (0.184)	0.116** (0.167)	0.096* (0.194)	1.013
样本数	334	334	334	334	
F-value	6.591	6.044	3.920	1.926	
Prob>F	0.000	0.000	0.000	0.036	
R^2	0.184	0.171	0.118	0.062	
Adj_R^2	0.156	0.143	0.088	0.030	

注：标准化回归系数；括号中为标准误；"***"表示 $p<0.01$；"**"表示 $p<0.05$；"*"表示 $p<0.1$。

私家车使用和公交车使用的显著性影响因素并不相同。私家车使用的显著性影响因素是性别、年龄、家庭年收入和有无小于 12 岁的人口，这些因素表征了出行个体的劳动能力、家庭经济条件和家中其他需求，如有无需要接送学龄儿童就学。公交车使用的显著性影响因素是家庭年收入、有无房产、有无房贷、婚姻状况、家中有无小于 12 岁的人口、家中成员数目和出行距离是否为 7.5～<10 km，这些因素表征了出行者家庭的经济条件、生活状况和出行需求特征。比较两种交通方式使用的显著性影响因素，可以看出，频繁使用私家车

的出行者是看重个人需要、兼顾家庭需求，并且家庭经济条件良好的人；而频繁使用公交车的出行者更多的是从家庭实际的经济条件和需求出发，只要公交车可以满足出行需求就会使用公交车的人。因此，更倾向于照顾家庭需求的女性、低收入者、家中无小于 12 岁人口、短途出行者在面对公交服务质量改善时，更容易放弃私家车而转向公交车。

5.4.2　结构方程模型结果分析

在对公交服务质量、私家车保有量、私家车使用和公交车吸引力 4 个变量间的假设关系进行结构方程模型检验之前，本研究首先进行了相关性检验，如表 5-11 所示。可以看出，公交服务质量与私家车保有量、私家车使用两变量存在显著的负相关关系，而与公交车吸引力变量存在显著的正相关关系。同时，私家车保有量和私家车使用变量间显示出较强的正相关性（0.833），私家车保有量和私家车使用两变量与公交车吸引力间存在较强的负相关性（分别是 −0.739 与−0.702）。以上结果均与本章研究假设一致。

表 5-11　变量间相关系数

潜变量	公交服务质量	私家车保有量	私家车使用	公交车吸引力
公交服务质量	1	−0.392***	−0.370***	0.444***
私家车保有量		1	0.833***	−0.739***
私家车使用			1	−0.702***
公交车吸引力				1

注："***"表示 $p < 0.01$。

接下来，本研究应用 AMOS 24.0 软件对公交服务质量、私家车保有量、私家车使用和公交车吸引力 4 个变量间的假设关系进行结构方程模型检验，检验结果如表 5-12 和图 5-2 所示。需要说明的是，依据上一节 11 个特征变量对公交车使用的影响分析结果，本章进一步选取家庭年收入、有无房产、有无房贷、婚姻状况、家中最小成员年龄是否小于 12 岁、家中成员数目和出行距离是否为 7.5～＜10 km 等 7 个变量作为控制变量加入结构方程模型中，所有变量的路径系数估计结果如附录 C 所示。

表 5-12　结构方程模型潜变量与观测变量之间的估计结果

潜变量	观测变量	st.	标准误	p
公交服务质量	Econ1	0.729	0.081	***
	Econ2	0.756	0.079	***
	Acces1	0.672	0.078	***
	Acces2	0.681	0.077	***
	Conv1	0.697	0.077	***
	Conv2	0.776	0.080	***
	Speed	0.688	0.075	***
	Punc	0.743	—	***
	Comf1	0.756	0.073	***
	Comf2	0.701	0.079	***
	Safe1	0.766	0.075	***
	Safe2	0.730	0.078	***
私家车使用	PCU1	0.858	0.053	***
	PCU2	0.844	—	***
公交车吸引力	PTA1	0.802		***
	PTA2	0.724	0.080	***

注：st. 代表标准化回归系数；"***"表示 $p<0.01$；"**"表示 $p<0.05$；"*"表示 $p<0.1$。

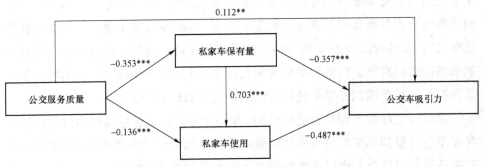

注：标准化回归系数；"***"表示 $p<0.01$；"**"表示 $p<0.05$。

图 5-2　结构方程模型标准化路径图

表 5-12 为采用极大似然法所估计的 3 个潜变量对所有观测变量的标准化回归系数。在模型设定上，"公交服务质量→Punc""私家车使用→PCU2""公交车吸引力→PAT1"的未标准化回归系数设为固定参数，固定参数的数值为 1，这 3 个参数不需要进行回归系数估计，因此其标准误均为空白。所有潜变量对观测变量的标准化回归系数均大于 0.6 且在 0.01 的水平上显著，表明模型的内在质量好。另外，私家车使用对工作日期间私家车使用次数的标准化回归系数（0.858）大于周末时段的标准化回归系数（0.844），而公交车吸引力对工作日期间公交车使用次数的标准化回归系数（0.802）同样大于周末时段的标准化回归系数（0.724），说明相较于周末时间，出行者在工作日时段的交通方式使用频次更能有效反映其交通方式选择的行为习惯。

图 5-2 展示了公交服务质量、私家车保有量、私家车使用和公交车吸引力 4 个变量间研究假设的检验结果。第一，公交服务质量对公交车吸引力的标准化回归系数为 0.112，且在 0.05 的水平上显著，说明公交服务质量对公交车吸引力存在显著的积极影响，该结果支持 H5-1 假设。第二，公交服务质量对私家车保有量的标准化回归系数是显著负的（$t=-0.353$，$p<0.01$），与此同时，私家车保有量对公交车吸引力的标准化回归系数同样是显著负的（$t=-0.357$，$p<0.01$），说明改善公交服务质量可显著降低私家车保有量，而私家车保有量的降低可显著增强公交车吸引力，因此，H5-2 和 H5-3 假设得到支持。第三，公交服务质量对私家车使用在 0.01 水平上显示出消极影响（$t=-0.136$），而私家车使用对公交车吸引力亦显示出显著的负向影响（$t=-0.487$，$p<0.01$），说明改善公交服务质量可显著减少私家车使用，而减少私家车使用可显著增强公交车吸引力，因此，H5-4 和 H5-6 假设得到支持。第四，私家车保有量对私家车使用的标准化回归系数是显著积极的（$t=0.703$，$p<0.01$），说明增加私家车保有量可显著增加私家车使用，该结果支持 H5-5 假设。

通过以上结构方程模型检验结果，笔者发现，公交服务质量不仅可以通过私家车保有量和私家车使用两个变量对公交车吸引力产生显著的间接影响，公交服务质量对公交车吸引力也存在显著的直接影响（$t=0.112$，$p<0.05$），这说明改善公交服务质量不仅可以通过降低私家车保有量和减少私家车使用两条

路径来增强公交车吸引力，还存在其他的影响方式。例如，改善公交服务质量可能会使其他交通方式的出行者（如自行车、电动自行车）转移到公交车；或者，可能使原本就使用公交车的出行者进一步增加了公交车使用次数。此外，比较变量间的标准化回归系数发现，私家车保有量对私家车使用的积极影响较大（$t=0.703$），而相较于公交服务质量对私家车保有量的消极影响（$t=-0.353$），改善公交服务质量对减少私家车使用的作用非常小（$t=-0.136$）。这说明出行者一旦拥有私家车就会增加私家车使用次数，而此时再依靠改善公交服务质量来转变其交通方式使用行为将会面临更大的难度。

表 5-13 显示了公交服务质量、私家车保有量和私家车使用 3 个变量对公交车吸引力的标准化影响效果值。其中，标准化总效果值等于标准化直接效果值与标准化间接效果值的和。与预期相同，公交服务质量对公交车吸引力的总效果是正向的，而私家车保有量和私家车使用对公交车吸引力的总效果是负向的。然而，进一步比较 3 个变量对公交车吸引力的影响效果大小时发现，私家车保有量显示出最大的影响力（-0.699），而公交服务质量的影响效果是最小的（0.425）。这说明，虽然改善公交服务质量可显著增强公交车吸引力，但与私家车保有量和使用相比，其积极作用较弱。尤其是在私家车保有量受到其他外部因素的影响（家庭收入水平的提高）而快速增长的情况下，改善公交服务质量并不能完全抵消私家车保有量增长对公交车吸引力带来的消极影响。

表 5-13　三个变量对公交车吸引力的标准化影响效果

效果	公交服务质量	私家车保有量	私家车使用
直接效果	0.112	-0.357	-0.487
间接效果	0.313	-0.342	0
总效果	0.425	-0.699	-0.487

表 5-14 列出了本章结构方程模型的拟合度指标。模型的自由度=216，模型适配度的卡方值=395.743，卡方自由度比值=1.832<2，表示模型的适配度较佳。然而，本章卡方值的显著性概率值 $p=0.000<0.05$，拒绝虚无假设，说明

观察到的协方差矩阵与由模型产生的协方差矩阵间显著不相等，表示假设模型与样本数据无法契合。因为卡方值易受样本大小和指标规模的影响，样本观察值越多，模型卡方值也会越大，此时的显著性概率值 p 会变小，容易形成拒绝虚无假设的结论。因而，在整体模型适配度的判别方面，还需参考其他拟合度指标，不应只从卡方值判断。对于其他指标，GFI、TLI 和 CFI 均大于 0.9，SRMR 和 RMSEA 值均小于或等于 0.05，说明模型适配良好。因此，综合所有拟合度指标值，我们认为本章的结构方程模型是可接受的适配模型。

表 5–14　结构方程模型拟合度指标

χ^2	γ	χ^2/γ	p–value	GFI	SRMR	RMSEA	TLI	CFI
395.743	216	1.832	0.000	0.906	0.042	0.050	0.934	0.948

5.5　本章小结

为了回答改善公交服务质量能否抑制私家车保有量、能否将私家车使用者从私家车出行转移到公交车出行的问题，本章建立了公交服务质量、私家车保有量、私家车使用和公交车吸引力的假设模型，应用问卷调查得到的常州市 334 份居民出行信息数据和结构方程模型，探讨了私家车和公交车两类乘客的个体及家庭社会经济特征，检验了公交服务质量、私家车保有量、私家车使用和公交车吸引力变量间的作用关系。相关结论如下：

首先，改善公交服务质量可显著降低私家车保有量和私家车使用，进而增强公交车吸引力，也就是说，改善公交服务质量确实可以抑制私家车保有量，并可以将私家车使用者从私家车转移到公交车。不仅如此，公交服务质量对公交车吸引力的积极影响亦存在其他途径，可能是使其他交通方式（如自行车、电动自行车）的出行者转移到公交车，或者是使原本就使用公交车的出行者进一步增加了公交车的使用频次。

其次，从变量间的标准化回归系数看，公交服务质量对私家车使用的负向影响力（－0.136）远远小于私家车保有量对私家车使用的正向影响力（0.703），这说明人们一旦拥有私家车，就会积极地使用私家车，而此时再依靠改善公交服务质量来转变其交通方式使用行为将会面临更大难度。

再次，从影响效果看，公交服务质量对公交车吸引力的积极效果小于私家车保有量对公交车吸引力的消极效果。这意味着在私家车快速增长的情况下，只有全面、大幅度地提升公交服务质量才能抵消，最终超过私家车增长对公交车吸引力带来的消极影响。该结论解释了我国城市公交车吸引力依然偏低、城市交通依然拥堵的原因。

以上三点结论说明，改善公交服务质量虽然可以通过抑制私家车保有量、减少私家车使用来增强公交车吸引力，但与私家车保有量对公交车吸引力产生的消极影响相比，改善公交服务质量对公交车吸引力产生的积极影响较弱，只有全面、大幅度地改善公交服务质量才能取得显著成绩。

最后，关于私家车和公交车使用者的特征，频繁使用私家车的出行者是看重个人需要、兼顾家庭需求，并且家庭经济条件良好的人；而频繁使用公交车的出行者更多的是从家庭的实际经济条件和需求出发，只要公交车可以满足出行需求就会使用公交车的人。因此，更倾向于照顾家庭需求的女性、低收入者、家中无小孩、短途出行者在面对公交服务质量改善时，更容易放弃私家车而转向公交车。

第 6 章

私家车管制对公交车
吸引力的影响

本章构建了私家车管制、公交服务质量与公交车吸引力 3 个变量间的假设
关系，应用常州市 313 份城市居民的出行数据，检验了私家车管制对公交车吸
引力的作用关系，揭示了私家车管制的适用条件。回答了本研究的第三个研究
问题：私家车管制是否可以提升公交车吸引力？公交服务质量在私家车管制与
公交车吸引力之间是否存在正向调节效应？

6.1 引　言

随着我国居民消费水平的提高，以及由于市场发展日益成熟而导致的私家车
价格不断下降，私家车在我国居民家庭的普及率不断上升。依据《中国统计年鉴
2019》发布的数据，2013—2018 年，全国居民平均每百户家用汽车保有量在从 16.9
辆上升到 33.0 辆；全国私人小型载客汽车从 8 810.51 万辆增长到 18 731.80 万辆，
年均增速 16.28%。而根据本研究第 5 章的研究结果可知，私家车保有量和使
用的增加可显著降低公交车吸引力。因此，私家车保有量的快速增长与使用是
导致我国大部分城市公交车吸引力持续偏低的重要原因之一。

对于私家车与公交车之间的交通方式选择行为，从经济学角度分析，私家
车出行支付的个人成本远低于社会成本，在出行者自由选择交通方式的模式

下，理性个体偏好于从私利出发而选择私家车出行。因此，即使提升公交服务质量可以降低公交车的出行成本，但因为私家车拥有者在做出行决策时无须考虑交通拥堵、环境污染等社会负担的"外生成本"，同时由于私家车具有快速、舒适、便捷、私密、凸显社会地位等优势，所以单纯依靠提升公交服务质量来吸引私家车出行者到公交车出行是收效甚微的，这正与第5章的研究结论一致。而从上一章节中公交服务质量、私家车保有量和私家车使用3个变量对公交车吸引力的综合影响效果来看，采用私家车管制措施来直接控制私家车保有量、限制私家车使用似乎更有利于增强公交车吸引力。

此外，一个不容忽视的事实是，2018年年末，全国居民平均每百户电动自行车（以下简称电动车）拥有量达到59.2辆，远超私家小汽车的33.0辆，电动车已经成为我国城市主要的道路交通工具之一。电动车具有骑行便利、经济成本低的特点，然而，迅速发展的电动车带来了道路通行秩序混乱、交通事故频发等问题，电动车引发的矛盾日益凸显，对电动车的管理已成为摆在地方政府面前的一个管理难点。更重要的是，越来越多的收入水平偏低的人从公交车转向电动车，进一步加剧了公交车的弱势地位。对于上述问题，国内部分大城市采取了"限电禁电"措施，但限电的后果却是屡禁不止、民怨沸腾。一味禁止，不如明确标准、加强管理，同时，将尽可能多的电动车出行者吸引到公交车上来。

因此，基于上述现实背景和已有研究成果，本章的研究目的如下：① 探讨私家车管制对公交车吸引力的影响及适用条件，尝试回答如何进一步提升城市公交车吸引力的问题；② 为最大限度地吸引公交车出行需求，对于私家车，除小汽车外，本章亦将电动车纳入私家车范畴，并探讨公交车在相同境况下对小汽车和电动车两类出行者的吸引力的差异。

6.2　研 究 假 设

发达国家的交通管理者和学者们发现私家车管制可有效转变私家车居民的出行方式，如道路拥挤收费政策。从经济学角度分析，因为私家车出行者只支付了直接费用，并未支付其产生的社会成本，因此，通过征收拥挤费用将负的外部性内部化可有效减少私家车需求，增加公交车需求。在模型与实证研究方面，2001 年 Tsamboulas，2003 年 Lee 等，2014 年任刚等学者们探讨了若干私家车管制措施，如提高停车费政策、拥挤收费政策、限行政策、提高燃油价格等，对私家车居民交通方式选择的影响。研究结果均表明，私家车管制越严厉，人们越倾向于使用公交车。不仅如此，2007 年 Fiorio 和 Percoco 比较了私家车管制与提高公交服务质量对公交车吸引力的影响力大小，发现私家车管制比提高公交服务质量更有效。因此，对于私家车管制与公交车吸引力，本研究提出如下假设：

H6-1：私家车管制对公交车吸引力产生积极影响。

高质量的公交服务降低了公交车出行总成本，另外，私家车管制增加了私家车出行成本，如果两边政策同时发力，是否会产生更好的效果？因现实中难以成功隔离其他因素而同时对两类政策各自的和组合的影响进行事后估计，故关于两类政策间的交互效应的研究并无许多实践证据。尽管如此，2001 年 Kingham 等，2016 年 Liu 等不少学者通过对出行个体的问卷调查发现，只有在提高公交服务质量的基础上实行私家车管制，才能有效吸引私家车出行者转到公交车出行。2012 年徐塱和欧国立的研究表明私家车管制可以有效增强公交车吸引力的前提条件是高质量的公交服务。因此，学者们认为提高公交服务质量与私家车管制的组合政策是必要，并称之为"胡萝卜加大棒"或"推式与拉式政策组合"。

虽然现实中难以准确估计两类政策各自的和组合的效果，但学者们应用 SP 调研进行了相关探索。2007 年 Sen 等探讨了对私家车征收税费的同时对公交车进行补贴，以提高公交服务质量，并发现只要对私家车征收税费就可以增加公交车吸引力，但公交车吸引力增加多少还取决于公交服务质量。高质量的公交服务可以提高公共交通需求价格弹性和交叉价格弹性，进而更多地影响公交车吸引力。2010 年 Eriksson 等将被试者分成 3 组，分别在改善公交服务（票价五折并增加发车频率）、私家车管制措施（增加燃油税）、两种措施同时进行 3 种情境下回答这些政策情境对自身的交通方式选择行为的影响，结果表明，组合政策对交通方式转移的影响比两类政策各自实施的效果更好。2010 年 Santos 等通过综述已有文献研究结论，推断两类政策间可能存在互补效应，但并未对其进行实证检验。基于此，本文提出如下假设：

H6-2：公交服务质量正向调节私家车管制与公交车吸引力间的作用关系。

依据以上假设，私家车管制、公交服务质量和公交车吸引力变量间的假设模型如图 6-1 所示。需要说明的是，考虑到我国城市电动车发展对公交车使用产生的重要影响与带来的交通问题，这里的私家车管制既包括对私家小汽车的管制，也包括对私家电动车的管制。

图 6-1　私家车管制与公交车吸引力假设模型

6.3　研 究 设 计

6.3.1　变量测量

1. 因变量

本章的因变量是公交车吸引力，为提高研究可靠性，本研究同时从客观和主观两个角度衡量公交车吸引力。客观角度为当前公交服务质量与私家车管制措施下的常用的通勤交通方式选择（Mode），Mode=1 表示选择公交车，Mode=0 表示选择小汽车或电动车。主观角度为假定政策情境下的公交出行意愿（Will），分 3 个等级，Will=1 表示在假定情境下依然不愿意使用公交车；Will=2 表示无所谓；Will=3 表示愿意放弃小汽车或电动车转向公交车。

2. 自变量

依据 3.5 节，本章的研究变量包括提高停车费、尾号限行和拥挤收费 3 种。同时，因为拥挤收费并未在我国城市实行，而尾号限行措施亦未在调研城市实施，因此，两个措施变量只用于本研究的主观公交车吸引力研究，即公交出行意愿研究。

对于出行者客观的交通方式选择行为研究，停车费水平变量由出行者的月均停车费来衡量，私家车月停车费越多，代表私家车管制越严厉。对于主观的公交出行意愿研究，本研究引进 A、B、$A\&B$、$NoA\&B$ 4 个虚拟变量来分别代表只实行严厉的私家车管制措施、只提高公交服务质量、两类措施同时实行及都不实行的 4 类假定情境。如果假定只实行更严厉的私家车管制措施，则 A 取值 1，否则取值 0；如果假定只提高公交服务质量，则 B 取值 1，否则取值 0；如果假定两类措施同时实行，则 $A\&B$ 取值 1，否则取值 0；如果假定两类措施均未实行，则 $NoA\&B$ 取值 1，否则取值 0。其中，A 用于检验私家车管制措施对公交车吸引力的主效应，B 用于检验公交服务质量对公交车吸引力的主效应，$A\&B$ 用于检验公交服务质量与私家车管制的交互效应。

3. 调节变量

本章的调节变量是公交服务质量。依据 3.4 节中的讨论，公交服务质量包含了经济性、可达性、便利性、快速性、准确性、舒适性和安全性 7 个属性。然而，由于篇幅限制，探讨所有属性的调节效应是不可行的，选取合适的公交服务质量属性作为本章的研究变量是必要的。对此，依据《国务院关于城市优先发展公共交通的指导意见》（国发〔2012〕64 号）文件中强调的"加大政府投入、实行低票价政策、加快基础设施建设、保障公共交通路权优先，改善公共交通通达性和便捷性"和大部分大中城市的公共交通优先发展实践，本章选择经济性、可达性、快速性 3 个属性加入研究。公交服务的经济性由从家到工作单位的单程票价来衡量，票价越低代表经济性越好；可达性由从家到公交站点的步行时间来衡量，步行到站时间越短代表可达性越高；快速性由从家到工作单位的单程乘车时间来衡量，乘车时间越短代表快速性越高。经济性、可达性、快速性的取值越大，代表公交票价越低、步行到站

112

时间越短、单程乘车时间越少，即公交服务质量越高。

4. 控制变量

为了更加可靠地验证私家车管制、公交服务质量与公交车吸引力的关系，本研究选择学历、家中最小成员年龄、家庭年收入、有无交通补贴、有无房产、有无房贷、家庭人数、通勤距离等个人及家庭的社会经济属性和出行需求特征作为控制变量加入检验模型中，这里的家庭特征指出行者常住地家庭特征，并不包括其他城市中的亲属。此外，过路费、停车位是影响小汽车出行者交通方式选择的重要因素，电动车的电池性能、安全性也是电动车出行者的重要影响因素。本章所有变量含义及其取值情况如表 6-1 所示。

表 6-1　变量含义及其取值情况

变量		含义	取值
因变量	Mode	客观的交通方式选择	0 代表小汽车或电动车，1 代表公交车
	Will	主观的公交出行意愿	1~3 依次代表假定情境下依然不愿意使用公交车，无所谓，愿意放弃私家车并转向公交车
自变量	PFee	月停车费水平	小汽车停车费 1~6 依次代表 100 元及以下、101~200 元、201~300 元、301~400 元、401~500 元、500 元以上；电动车停车费 1~6 依次代表 0 元、1~30 元、30~60 元、60~90 元、90~120 元、120 元以上
	A	只实行更严厉的私家车管制措施	0 代表不实行，1 代表实行
调节变量	Econ	经济性	1~6 依次代表 5 元以上、4~5 元、3~4 元、2~3 元、1~2 元、1 元及以下
	Access	可达性	1~5 依次代表 20 min 以上、15~20 min、10~15 min、5~10 min、5 min 及以下
	Rapid	快速性	1~7 依次代表 60 min 以上、50~60 min、40~50 min、30~40 min、20~30 min、10~20 min、10 min 及以下
	B	只提高公交服务质量	0 代表不实行，1 代表实行
	A&B	两类措施同时实行	0 代表不实行，1 代表实行

续表

变量		含义	取值
控制变量	Edu	学历	1~5 依次代表初中及以下、高中、专科、本科、硕士及以上
	Child	家中最小成员年龄	1~4 依次代表 3 岁及以下、3~12 岁、13~18 岁、19 岁及以上
	Income	家中年收入	1~6 依次代表 3 万元及以下、3 万~<8 万元、8 万~<12 万元、12 万~<20 万元、20 万~<30 万元、30 万元及以上
	Size	家中人口数	1~4 依次代表 1~2 人、3~4 人、5~6 人、7 人及以上
	Load	常住地家中有无房贷	0 代表没有，1 代表有
	Estate	常住地家中有无房产	0 代表没有，1 代表有
	Subsidy	有无交通补贴	0 代表没有，1 代表有
	Distance	出行距离	1~7 依次代表 2.5 km 以下、2.5~<5 km、5~<7.5 km、7.5~<10 km、10~<15 km、15~<20 km、20 km 及以上
	PSpace	单位有无停车位	0 代表没有，1 代表有
	Toll	小汽车通勤单程过路费	1~6 依次代表 0 元、0~2 元、2~5 元、5~8 元、8~10 元、10 元以上
	Battery	电动车每周充电次数	1~4 依次代表至少一次、至少两次、至少三次、四次及以上
	Security	电动车出行者认为电动车是否安全	0 代表否，1 代表是

6.3.2 问卷与数据

本章采用问卷调查的方法获得样本数据。问卷内容包括两部分：RP 数据和 SP 数据。考虑到通勤出行是几乎每天进行的，其出行时间、线路、方式都具备很大的恒定性，且通勤线路上的公交服务信息更易获取，故本研究以通勤出行为例进行实证分析。RP 数据用于客观的交通方式选择研究，包括出行者个人及家庭社会经济属性、通勤出行信息、当前公交服务质量信息和私家车服务信息，因变量 Mode 值来源于通勤出行中的常用交通方式。SP 数据用于主观的公交出行意愿研究，调研内容为在只实行更严厉的私家车管制措施、只提高公交服务质量、两类措施同时实行及都不实行的 4 类情境下的公交出行意愿，即为因变量 Will 值。其中，提高公交服务质量假定情境包括"公交票价在现基础上八折""步行到站时间在现基础上缩短 5 min""乘车时间在现基础上节省 10 min" 3 种；更严厉的私家车管制措施包括"每天支付 10 元拥挤费用""每周一天的尾号限行""每月小汽车或电动车停车费增加 100 元" 3 种。每位受访者先回答 RP 数据部分，如受访者的"常用通勤方式"选择小汽车或电动车，即 Mode 值等于 1，则再回答 SP 数据部分，否则无须回答。对小汽车出行者，每位受访者需在 1+3+3+3×3=16 种情境下选择公交出行意愿；对电动车出行者，因拥挤收费和尾号限行政策不适用于电动车，故每位电动车受访者需在 1+3+1+3×1=8 种情境下选择公交出行意愿。考虑到相较于填空题，受访者更喜欢选择题，故为避免受访者产生厌烦心理，研究中所有变量均设计为分类变量，取值情况详见附录 B。

本章问卷与上一章问卷是一同进行的，其调查对象、调查方式和调查时间均与上一章相同。对于本章问卷，筛掉不完整问卷后，剩余有效问卷 313 份。在这些问卷中，电动车出行分担率最高，为 31%，公交车出行分担率为 26%，接近官方公布的 28.9%，小汽车出行分担率为 21%。

借鉴 2013 年 Jacques 等文献对公交乘客的分类，本研究首先依据"是否拥有私家车"将城市居民分成有选择权居民（Choice citizens）和无选择权居民（Captive citizens）两类，其中，有选择权居民的 RP 数据用于客观的交通方式选择研究。然后，有选择权居民依据所拥有的私家车类型分成小汽车出行者和电动车出行者两类。最后，两类有选择权居民依据"常用通勤方式是否为私家车"再继续分成私家车使用者（Private vehicle users）和非私家车使用者（Non-private vehicle users）两类。其中，私家车使用者的 SP 数据用于主观的公交出行意愿研究。基于以上分类，样本分类情况如图 6-2 所示。需要说明的是，对 SP 调研，2006 年 Albert 和 Mahalel 表示样本量应不少于 60 份。

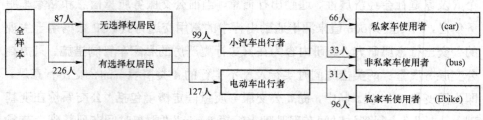

图 6-2　样本分类情况

6.3.3　模型构建

1. 二元 Logit 模型

对客观的交通方式选择研究，因变量是交通方式选择（Mode），是 0-1 变量，故本研究采用基于随机效用理论的二元 Logit 模型进行检验。对有选择权的居民来说，每种交通方式的效用水平用 u 表示，其函数形式为：

$$u_{ij} = V_{ij} + \varepsilon_{ij}, \quad i = 1, 2, \cdots, N; j = 0, 1 \tag{6-1}$$

式中，i 表示有选择权居民；j 表示交通方式，$j=0$ 表示选择私家车或电动车，$j=1$ 表示选择公交车；V_{ij} 和 ε_{ij} 分别表示第 i 个有选择权居民选择第 j 种交通方式的固定效应和随机效应。若随机项 ε 服从 Gumbel 分布，则有选择权的居民 i 选择公交车，即 $j=1$ 的概率为：

$$P_{i1} = \frac{\exp(V_{i1} - V_{i0})}{1 + \exp(V_{i1} - V_{i0})}, \quad i = 1, 2, \cdots, N \tag{6-2}$$

式中，$(V_{i1} - V_{i0})$ 是关于私家车管制、调节变量和控制变量的线性函数，故二元 Logit 模型的回归方程为：

$$\ln\left[P_{i1} / (1 - P_{i1}) \right] = \beta_0 + \beta_1 \mathrm{PFee}_i + \beta_2 x_i + \beta_3 C_i \tag{6-3}$$

式中，i 表示有选择权居民，PFee_i 表示私家车月停车费，x_i 代表公交服务的经济性、可达性、快速性，C_i 表示控制变量，$\beta_0 \sim \beta_3$ 表示待估参数。根据 H6-1，β_1 应显著为正值。

同时，为检验公交服务质量在私家车管制与公交车吸引力之间是否存在调节效应，本研究采用层次回归法。第一步，将控制变量、自变量和调节变量纳入二元 Logit 模型，形成主效应模型，即式（6-3）。第二步，为避免交互项间可能产生的多重共线性问题，将交互项逐一加入式（6-3），形成交互效应模型：

$$\ln\left[P_{i1}/\left(1-P_{i1}\right)\right] = \beta_0' + \beta_1'\text{PFee}_i + \beta_2'x_i + \beta_3'\text{PFee}_ix_i \qquad (6\text{-}4)$$

式中，x_i 可为 Econ_i、Access_i、Rapid_i 中的任意一项，PFee_ix_i 代表月停车费与公交服务质量的交互项。根据 H6-2，β_3' 应显著为正值。

2. 累积 Logit 模型

对主观的公交出行意愿研究，因变量是公交出行意愿（Will），是有序离散变量，取值为 1～3，故本研究采用累积 Logit 模型进行检验。使用累积 Logit 模型的前提是满足平行线假设，因此在每次回归前，需对回归模型进行平行线检验。平行线检验的原假设是：在因变量的不同等级中，自变量的效应保持一致，不会随着等级的不同而变化。故而平行线检验的显著性大于 0.05 的回归模型才可进行累积 Logit 回归。

每个私家车使用者对每个等级的效用函数同二元 Logit 模型。假设私家车使用者 i 选择第 j 个等级（$j=1, 2, 3$）的概率为 P_{ij}，且 $P_{i1}+P_{i2}+P_{i3}=1$，则 i 选择第 j 等级的累积概率为：

$$P_i\left(Y \leqslant j\right) = \frac{\exp\beta X_i}{1+\exp\beta X_i}, i=1, 2, \cdots, N \qquad (6\text{-}5)$$

式中，$j=1$ 表示不愿意选择公交车，$j=2$ 表示无所谓，$j=3$ 表示愿意选择公交车。由此推导出累积 Logit 模型的回归方程为：

$$\ln\left[P_i\left(Y \leqslant j\right)/\left(1-P_i\left(Y \leqslant j\right)\right)\right] = \alpha_1 A\&B + \alpha_2 A + \alpha_3 B + \alpha_4 D_i, \quad j=1, 2, 3$$

$$(6\text{-}6)$$

式中，$\text{No}A\&B$ 变量作为基准类不放入模型中。$A\&B$、A、B 分别表示两类措施同时实行、只实行私家车管制措施、只提高公交服务质量的假定情境变量，D_i 表示控制变量，$\alpha_1 \sim \alpha_4$ 表示待估参数。根据 H6-1，α_2 应显著为正值；根据 H6-2 假设，α_1 应显著为正值。

3. 影响力比较——优势比

二元 Logit 模型和累积 Logit 模型作为非线性模型，其估计系数不能直接解释为边际影响。为了衡量各自变量的影响力大小，本研究采用优势比（odds ratio，OR）。优势比可用以下公式计算得到：

$$OR_i = \exp(\beta_i) \tag{6-7}$$

式中，i 表示第 i 个自变量，β_i 表示回归模型中自变量 x_i 的待估系数。当 β_i 大于 0 时，优势比 OR_i 大于 1，表示自变量 x_i 增加 1 单位引起的有选择权居民选择公交车或私家车使用者公交出行意愿提高 1 个等级的概率比增加了（OR_i-1）；当 β_i 小于 0 时，优势比 OR_i 小于 1，表示自变量 x_i 增加 1 单位引起的有选择权居民选择公交车或私家车使用者公交出行意愿提高 1 个等级的概率比降低了（$1-OR_i$）。OR_i 与 1 的差值越大，代表自变量 x_i 的影响力越大。

6.4 实 证 分 析

6.4.1 描述性统计分析

表 6-2 给出了全部样本和小汽车与电动车出行者两类子样本的因变量、自变量和控制变量的均值、标准差和样本数等描述性统计信息。其中，Will(*B*)、Will(*A*)、Will(*A&B*)、Will(No*A&B*) 分别表示只提高公交服务质量、只实行更严厉的私家车管制措施、两类措施同时实行以及都不实行等 4 类假定情境下的公交出行意愿。

交通方式选择变量（Mode）中，小汽车均值明显高于电动车均值，这可能说明相较于电动车出行者，小汽车出行者更愿意使用公交车。在公交出行意愿变量（Will）中，两类措施都不实行的公交出行意愿最低，与此相比，只提高公交服务质量的公交出行意愿和只实行更严厉的私家车管制措施的公交出行意愿明显升高，且 Will(*B*) 高于 Will(*A*)，因此，本研究推测实行更严厉的私

家车管制措施、提高公交服务质量均对公交车吸引力产生显著的正向影响，且
严厉的私家车管制措施的作用力大于公交服务质量的。此外，两类措施同时实
行的公交出行意愿较 Will(*B*)和 Will(*A*)明显再次提高了一个等级，这意味着两
类政策间可能存在相互增强对方积极影响的互补效应，进一步促进了公交车吸
引力提升。

　　在控制变量中，小汽车出行者的学历、交通补贴和拥有房产变量均值明显
高于电动车出行者，这反映出小汽车出行者的生活水平普遍高于电动车出行
者。因两类有选择权居民生活水平的差异，本研究推测公交车对相同情况下的
小汽车出行者和电动车出行者可能表现出不同的吸引力。

表 6-2　所有描述统计结果

变量	全样本		小汽车		电动车	
	均值	标准差	均值	标准差	均值	标准差
Mode	0.28	0.45	0.33	0.47	0.24	0.43
Will(*A*)	1.83	0.82	1.77	0.80	1.87	0.83
Will(*B*)	1.95	0.84	1.92	0.82	2.00	0.85
Will(*A*&*B*)	2.14	0.83	2.11	0.84	2.19	0.83
Will(No*A*&*B*)	1.47	0.67	1.23	0.42	1.64	0.76
Econ	4.91	1.50	5.01	1.45	4.83	1.54
Access	3.69	1.02	3.63	1.06	3.74	0.99
Rapid	3.83	2.00	4.72	1.78	3.15	1.89
PFee	2.25	1.67	2.65	1.73	1.94	1.57
Edu	3.04	1.11	3.55	1.02	2.65	1.02
Child	2.45	1.16	2.25	1.08	2.61	1.19
Income	2.64	1.05	2.59	1.13	2.68	0.98
Size	2.32	0.81	2.27	0.64	2.35	0.93
Subsidy	0.52	0.50	0.78	0.42	0.32	0.47
Load	0.87	0.34	0.93	0.26	0.82	0.39

续表

变量	全样本		小汽车		电动车	
	均值	标准差	均值	标准差	均值	标准差
Estate	0.32	0.47	0.57	0.50	0.13	0.33
Distance	2.58	1.38	2.48	1.20	2.65	1.56
Toll/ Battery	—	—	2.08	1.89	2.46	1.13
PSpace/Security	—	—	0.42	0.50	0.49	0.50

注：小汽车出行者子样本中包含的变量为"Toll""PSpace"，电动车出行者子样本中包含的变量为"Battery""Security"。

自变量、控制变量和因变量间的相关系数，以及所有自变量与控制变量的方差膨胀因子如表 6-3 所示。可以看出，所有解释变量的 VIF 值均小于 10，说明解释变量间不存在多重共线性问题，可以加入回归分析。

6.4.2　回归结果分析

1. 客观的交通方式选择实证结果分析

表 6-4 给出了客观的交通方式选择的检验结果。模型 6-1、6-2、6-3 分别代表全样本、私家车出行者子样本、电动车出行者子样本回归；模型 6-1a 包含了控制变量和代表公交服务质量的 3 个调节变量，模型 6-1b 在模型 6-1a 基础上加入了月停车费自变量；模型 6-2a 和模型 6-3a 包含了控制变量、代表公交服务质量的 3 个调节变量和月停车费自变量，模型 6-2b 和模型 6-3b 在模型 6-2a 和模型 6-3a 基础上加入了月停车费与公交服务质量交互项。出于篇幅考虑，表 6-4 中只列出交互项显著的回归结果。

对全样本回归，在模型 6-1b 中，Econ、Access、Rapid 的优势比分别为 1.590、1.665、1.664，均大于 1，且 3 个变量至少在 0.05 的水平上显著，说明公交服务的经济性越高（票价越低）、可达性越好（步行到站时间越短）、快速性越高（乘车时间越短），有选择权居民选择公交车的概率越大，这与第 5 章

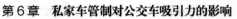

表 6-3　相关系数和 VIF 值

变量	1	2	3	4	5	6	7	8	9	10	11	12	13	14	15	16	17	VIF
1 Mode	1	0.254***	0.085	0.386***	0.553***	0.004	0.223***	0.030	0.189***	0.051	-0.044	-0.029	0.185***	0.414***	-0.303***	0.221**	-0.262***	—
2 Econ		1	0.113	0.203***	0.107	-0.006	-0.046	0.045	-0.068	0.038	-0.049	0.053	-0.003	0.134	0.008	0.099	-0.224**	1.431
3 Access			1	-0.066	-0.022	0.081	-0.058	0.032	0.018	0.057	0.047	0.012	-0.045	0.107	-0.025	0.002	0.129	1.261
4 Rapid				1	0.285***	0.175***	-0.020	-0.099	-0.069	0.197***	0.171**	0.118	0.076	-0.042	0.010	0.193***	-0.036	1.754
5 PFee					1	0.145**	0.100	-0.011	0.101	0.177**	-0.003	0.107	0.060	0.531***	-0.192	0.162	-0.228***	1.714
6 Edu						1	-0.114	0.012	-0.220***	0.465***	0.155**	0.292***	-0.096	-0.092	-0.099	0.116	0.186**	1.439
7 Child							1	0.085	0.026	-0.002	-0.164**	-0.161**	0.125	0.210**	-0.030	0.019	0.085	1.288
8 Income								1	-0.015	0.109	-0.086	-0.035	0.165**	0.092	0.061	0.029	-0.113	1.371
9 Size									1	0.048	-0.071	-0.128	0.088	0.083	-0.112	0.106	-0.237***	1.361
10 Subsidy										1	0.122	0.236***	-0.150**	-0.223**	0.213**	0.044	0.033	1.434
11 Load											1	0.156**	-0.063	-0.240**	0.077	0.212**	0.009	1.558
12 Estate												1	-0.102	-0.179	-0.114	0.054	0.009	1.268
13 Distance													1	0.170	-0.098	0.169	-0.107	1.612
14 Toll														1	-0.124	—	—	1.770
15 PSpace															1	—	-0.151	1.188
16 Battery																1	-0.151	1.180
17 Security																	1	1.332

注："***"表示 $p<0.01$；"**"表示 $p<0.05$。

得到的结果一致。在模型 6-1b 的 Pseudo R^2 值较模型 6-1a 显著提高，额外解释了将近 20% 的变异，说明私家车月停车费变量很好地解释了有选择权居民交通方式选择间的差异。在模型 6-1b 中，PFee 优势比为 2.220，大于 1，在 0.01 的水平上显著，说明私家车月停车费越高，有选择权居民选择公交车的概率越大，H6-1 假设得到验证。

表6-4　二元 Logit 回归结果

解释变量	全样本		私家车		电动车	
	模型 6-1a	模型 6-1b	模型 6-2a	模型 6-2b	模型 6-3a	模型 6-3b
Edu	0.832	0.620**	0.289***	0.264***	1.253	1.175
	(−1.09)	(−2.23)	(−3.15)	(−3.02)	(0.60)	(0.39)
Child	1.961***	1.922***	3.069***	3.623***	1.282	1.292
	(3.98)	(3.40)	(2.81)	(2.95)	(0.75)	(0.73)
Toll /Battery			1.273	1.753*	1.364	1.178
			(1.14)	(1.93)	(0.84)	(0.40)
PSpace /Security			0.101***	0.068***	0.283	0.310
			(−2.87)	(−2.82)	(−1.52)	(−1.30)
Econ	1.623***	1.590***	1.885*	2.093*	1.536	0.411
	(3.06)	(2.73)	(1.78)	(1.94)	(1.61)	(−1.38)
Access	1.469**	1.665**	2.479**	0.213	1.346**	1.508***
	(1.99)	(2.24)	(2.30)	(−1.29)	(2.24)	(2.66)
Rapid	1.773***	1.664***	1.551	1.570	2.528***	2.911***
	(5.33)	(4.12)	(1.47)	(1.43)	(4.36)	(4.31)
PFee		2.220***	1.796**	0.055*	2.676***	0.108
		(5.68)	(2.16)	(−1.68)	(3.56)	(−1.45)
Access*PFee				2.514**		
				(1.99)		
Econ*PFee						1.988**
						(2.03)
常数项	0.000***	0.000***	0.000***	0.347**	0.000***	0.000**
Pseudo R^2	0.377	0.575	0.688	0.725	0.709	0.771
样本数	226	226	99	99	127	127

注：Mode 为因变量；表中数值为优势比，优势比下括号中的数值为相应的 z 值；"*""**""***"分别表示在 10%、5% 和 1% 显著性水平下显著。模型 6-2a-b 包含的控制变量为"Toll""PSpace"，模型 6-3a-b 包含的控制变量为"Battery""Security"。

对小汽车出行者子样本回归，在模型 6-2b 中，可达性与月停车费交互项纳入模型后，显著提高了 Pseudo R^2，交互项优势比为 2.514，且在 0.05 的水平上显著。对电动车出行者子样本回归，在模型 6-3b 中，经济性与月停车费交互项纳入模型后，亦显著提高了 Pseudo R^2，交互项优势比为 1.988，且在 0.05 水平上显著。以上结果表明，公交服务质量越高，月停车费对公交车吸引力的积极影响越大，即公交服务质量正向调节私家车管制（月停车费）对公交车吸引力的积极影响，H6-2 假设得到验证。

在模型 6-1b 中，PFee 的优势比最大，说明对所有有选择权居民，月停车费的积极影响力大于公交服务质量的。这表明有选择权居民在进行交通方式选择时，相较于面临的公交服务质量，考虑更多的是私家车的用车成本。比较 Econ、Access、Rapid、PFee 4 个自变量分别在模型 6-2a 和模型 6-3a 中的优势比，发现私家车出行者对可达性更敏感，而电动车出行者对公交服务的快速性和电动车月停车费更敏感。对可达性，可能是因为电动车出行者可以骑行电动车到公交车站，实现停车换乘（P&R），从而削弱了可达性对电动车出行者的影响。对快速性，其原因可能是因为虽然电动车出行者通勤出行距离（Distance-bar= 2.65）略远于私家车出行者（Distance-bar=2.48），但电动车出行者面临的公交服务快速性（Rapid-bar=3.15）远低于私家车出行者（Rapid-bar= 4.72），这使电动车出行者对快速性有更强烈的改善欲望。对于月停车费，在电动车出行者样本中，82% 的电动车月停车费在 30 元以下，说明相对偏低的停车费已成为大部分电动车出行者的合理预期，因此，提高停车费更易转变电动车出行者的交通方式。

在控制变量中，Child 变量在全样本回归模型中表现显著，且其优势比大于 1，说明家中小孩年龄越大，有选择权居民选择公交车出行的概率越大。Edu 变量在私家车出行者和电动车出行者的交通方式选择中发挥相反作用。在模型 6-2a 中，Edu 变量优势比小于 1，而在模型 6-3a 中，Edu 变量优势比大于 1，说明高学历的私家车出行者更愿意选择小汽车，而高学历的电动车出行者更愿意选择公交车。这可能是因为，高学历代表高收入、高消费，对私家车出行者来说，私家车是相对的"高档消费品"，对电动车出行者来说，因为电动车相对偏低的用车成本，公交车才是相对的"高档消费品"。除以上两个控制变量外，在模型 6–2b 中，Toll 变量和 PSpace 变量分别在 0.1 和 0.01 的水平上显著，Toll 优势比大于 1，PSpace 优势比小于 1，说明过路费越高、没有停车位的私家车出行者选择公交车的概率更大。

2. 主观的公交出行意愿实证结果分析

表 6–5 给出了主观的公交出行意愿的检验结果，所有回归模型均已通过平行线检验。本研究待检验的交互项有 9 个（3 个公交服务质量变量×3 个私家车管制措施变量），其中，因电动车出行者子样本只包含月停车费（PFee）一个私家车管制措施变量，故全样本和电动车出行者子样本只能检验 Econ&PFee、Access&PFee、Rapid&PFee 3 个交互项。在所有回归模型中，主效应 A 在所有回归模型中均在 0.01 水平上显著，优势比大于 1，说明提高私家车停车费、实行拥挤收费、尾号限行的私家车管制措施可显著提高私家车使用者的公交出行意愿，H6–1 假设得到验证。主效应 B 在至少 0.1 的水平上显著，优势比大于 1，说明改善公交车的经济性、可达性、快速性可显著提高私家车使用者的公交出行意愿，这与第 5 章得到的结果一致。所有模型中的交互项 A&B 也在 0.01 的水平上显著，且其优势比同时大于主效应 A 和 B 的优势比，这说明提高公交服务质量可增强私家车管制对公交出行意愿的积极影响，即具有正向调节作用，H6–2 假设得到验证。

首先，比较主效应 A 和 B 的优势比，发现在所有模型中主效应 A 的优势比均大于主效应 B，说明对私家车使用者的公交出行意愿，实行严厉的私家车管制措施比提高公交服务质量更有效，此结论与客观的交通方式选择实证结果一致。其次，在私家车出行者子样本回归中，Access 变量的优势比最大（均值为 7.537），而在电动车出行者子样本回归中，Rapid 变量的优势比最大（1.902），说明私家车出行者对提高可达性更敏感，而电动车对增加快速性更敏感，这也与客观的交通方式选择实证结果一致，反映出主观的公交出行意愿与客观的交通方式选择存在一致性。最后，私家车使用者关于 PFee、Econ、Access、Rapid 4 个变量的优势比均大于电动车使用者，这表明私家车使用者在主观上更愿意转移到公交车。同时，3 条私家车管制措施对私家车使用者的优势比从大到小

表 6-5　累积 Logit 回归结果

解释变量	A: PFee, B: Econ			A: PFee, B: Access			A: PFee, B: Rapid			A: Congest, B: Econ	A: Congest, B: Access	A: Congest, B: Rapid	A: Limit, B: Econ	A: Limit, B: Access	A: Limit, B: Rapid
	模型 6-4	模型 6-5	模型 6-6	模型 6-7	模型 6-8	模型 6-9	模型 6-10	模型 6-11	模型 6-12	模型 6-13	模型 6-14	模型 6-15	模型 6-16	模型 6-17	模型 6-18
	全样本	私家车	电动车	全样本	私家车	电动车	全样本	私家车	电动车	私家车	私家车	私家车	私家车	私家车	私家车
交互效应 A&B	5.911***	10.708***	5.145***	5.139***	12.367***	3.459***	5.499***	12.705***	3.869***	19.787***	11.834***	13.040***	13.356***	12.219***	15.272***
	(7.83)	(5.98)	(5.60)	(7.35)	(6.42)	(4.40)	(7.54)	(6.37)	(4.74)	(7.25)	(6.32)	(6.45)	(6.41)	(6.34)	(6.72)
主效应 A	3.418***	7.057***	2.517***	3.415***	6.554***	2.545***	3.462***	7.178***	2.524***	8.820***	7.614***	8.829***	8.585***	8.273***	9.497***
	(5.55)	(4.99)	(3.28)	(5.56)	(4.89)	(3.31)	(5.59)	(5.03)	(3.30)	(5.47)	(5.26)	(5.51)	(5.52)	(5.48)	(5.70)
主效应 B	2.372***	4.768***	1.749**	2.845***	7.441***	1.679*	2.343***	4.019***	1.902**	4.870***	7.316***	4.059***	4.870***	7.854***	4.255***
	(3.91)	(4.01)	(2.00)	(4.70)	(5.18)	(1.83)	(3.85)	(3.59)	(2.28)	(4.05)	(5.16)	(3.62)	(4.06)	(5.28)	(3.70)
Size	1.380**	2.098***	1.391**	1.420***	2.050***	1.432***	1.406***	2.237***	1.409**	1.733***	1.879***	1.992***	1.893***	1.885***	2.140***
	(2.96)	(3.46)	(2.39)	(3.28)	(3.41)	(2.66)	(3.15)	(3.78)	(2.50)	(2.59)	(3.01)	(3.28)	(3.02)	(3.01)	(3.53)
Income	-0.679***	-0.701***	-0.665***	-0.725***	-0.736***	-0.757**	-0.696***	-0.694***	-0.713***	-0.647***	-0.693***	-0.684***	-0.674***	-0.712***	-0.700***
	(-4.81)	(-2.76)	(-3.47)	(-4.07)	(-2.52)	(-2.40)	(-4.55)	(-2.86)	(-2.95)	(-3.30)	(-2.87)	(-2.93)	(-3.06)	(-2.73)	(-2.82)
Subsidy	1.292	2.289**	1.728**	1.385**	1.933*	1.492*	1.336*	1.828*	1.744**	2.861***	1.813*	1.811*	1.941*	1.984**	1.935*
	(1.59)	(2.29)	(2.39)	(2.03)	(1.89)	(1.76)	(1.79)	(1.67)	(2.44)	(2.94)	(1.75)	(1.71)	(1.90)	(2.00)	(1.86)

（模型 6-13 至模型 6-18 为私家车样本）

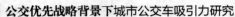
续表

解释变量	A: PFee, B: Econ			A: PFee, B: Access			A: PFee, B: Rapid			A: Congest B: Econ	A: Congest B: Access	A: Congest B: Rapid	A: Limit B: Econ	A: Limit B: Access	A: Limit B: Rapid
										私家车					
	模型6-4	模型6-5	模型6-6	模型6-7	模型6-8	模型6-9	模型6-10	模型6-11	模型6-12	模型6-13	模型6-14	模型6-15	模型6-16	模型6-17	模型6-18
	全样本	私家车	电动车	全样本	私家车	电动车	全样本	私家车	电动车						
Estate	0.359*** (-4.31)	0.050*** (-3.12)	0.392*** (-3.61)	0.402*** (-3.84)	0.090*** (-2.51)	0.394*** (-3.63)	0.351*** (-4.35)	0.051*** (-3.09)	0.373*** (-3.77)	0.092** (-2.5)	0.074*** (-2.85)	0.084*** (-2.64)	0.070*** (-2.82)	0.101*** (-2.44)	0.064*** (-2.89)
Load	0.802 (-1.29)	2.995*** (3.79)	0.430*** (-2.70)	0.792 (-1.37)	2.119*** (2.66)	0.372*** (-3.11)	0.740* (-1.76)	2.293*** (2.89)	0.436*** (-2.63)	3.473*** (4.19)	2.252*** (2.84)	2.724*** (3.44)	3.203*** (3.96)	2.838*** (3.61)	2.965*** (3.71)
Distance	1.209** (3.02)	0.694** (-2.13)	1.297*** (3.48)	1.231*** (3.28)	0.777 (-1.51)	1.307*** (3.58)	1.188*** (2.74)	0.659** (-2.45)	1.290*** (3.42)	0.769 (-1.53)	0.845 (-1.02)	0.711** (-2.04)	0.685** (-2.22)	0.772 (-1.55)	0.644*** (-2.59)
[Will=1]	1.016	0.803	0.845	1.123	1.326	1.202	1.2	0.56	0.99	1.300	0.934	0.889	0.702	1.379	0.757
[Will=2]	4.154	3.983	3.456	4.884	6.068	5.165	4.836	3.059	4.088	6.315	4.051	5.003	3.589	6.987	5.008
平行线检验	0.369	0.166	0.342	0.683	0.054	0.641	0.669	0.192	0.449	0.053	0.071	0.055	0.056	0.128	0.174
Pseudo R^2	0.190	0.287	0.218	0.172	0.272	0.187	0.186	0.290	0.191	0.343	0.272	0.294	0.303	0.287	0.320
样本数	648	264	384	648	264	384	648	264	384	264	264	264	264	264	264

注：Congest、Limit 分别表示拥挤收费和尾号限行变量；表中数值为优势比，括号中的数值为相应的 z 值；"*""**""***" 分别表示在10%、5%和1%显著性水平下显著。

排序依次为尾号限行、拥挤收费、提高停车费，表明限行政策影响力大于收费政策，在收费政策中，拥挤收费政策比提高停车费政策更有效，这与 2006 年 Albert 和 Mahalel 的研究结论相一致，即拥挤收费比提高停车费更能有效促进有选择权居民进行交通方式转移。

在控制变量中，Size、Income、Estate 3 个变量在所有模型中显著（0.05 显著性水平）。其中，Size 优势比大于 1，Income 和 Estate 优势比小于 1，说明人口数量越多、年收入越低、没有房产的家庭越愿意转向公交车。同时，Load 和 Distance 变量在小汽车和电动车出行者子样本回归中表现不同。对 Load 变量，其在小汽车出行者子样本中的优势比大于 1，在电动车出行者子样本中的优势比小于 1，说明有房贷的小汽车出行者更倾向于转向公交车，而有房贷的电动车出行者依然倾向于使用电动车。这可能是因为背负房贷的有选择权居民倾向于选择更加经济节约的出行方式，对私家车出行者来说，公交车是更经济的出行方式，而对电动车出行者来说，电动车是更经济的出行方式，该结论与客观的交通方式选择实证中 Edu 变量的结论保持一致。对 Distance 变量，其在私家车出行者子样本中的优势比小于 1，在电动车出行者子样本中的优势比大于 1，说明对长距离出行，私家车出行者更倾向于使用私家车，而电动车出行者更倾向于转向公交车。该结论亦比较符合电动车、私家车、公交车的出行距离曲线。

6.5　本章小结

本章利用常州市有选择权居民的 RP 数据和私家车使用者的 SP 数据，运用二元 Logit 模型和累积 Logit 模型，探讨了私家车管制对公交车吸引力的影响。相关结论如下：

首先，回归结果表明，私家车管制可显著增强公交车吸引力，并且，私家车管制可能比提高公交服务质量更有效。同时，对有选择权居民来说，公交服务质量可正向调节私家车管制对公交车吸引力的积极影响，这表明，实行私家车管制措施时，高质量的公交服务能够更有效地增强私家车使用者的公交出行意愿。

其次，公交服务质量与私家车管制对两类有选择权居民的公交车吸引力的影响存在差异。相较于电动车出行者，私家车出行者在提高公交服务质量与私家车管制的影响下有更强烈的使用公交车的意愿。并且，私家车出行者较关注公交可达性，而电动车出行者更关注公交快速性。

最后，居民会依据个人及家庭的社会经济属性来决定是否使用公交车。家中小孩年龄小、人口少、家庭年收入水平高、当地有房产的居民更喜欢使用私家车，公交车对此类出行者的吸引力较低，反之的出行者则有较高的概率选择公交车。此外，私家车出行者和电动车出行者在相同的情况下对公交车表现出不同的选择。对高学历、无房贷、长距离出行的电动车出行者来说，公交车吸引力较强，更有可能选择公交车出行。但对同样的高学历、无房贷、长距离出行的私家车出行者来说，公交车吸引力较弱，更愿意选择私家车出行。

第 7 章

结果分析及对策建议

本章在前面 3 个实证章节基础上分析了公交设施规模、服务质量和私家车管制对城市公交车吸引力的研究结果,并依据研究结果和城市公共交通面临的实际情况提出了对策建议。

7.1 公交车吸引力研究结果分析

7.1.1 公交设施规模对公交车吸引力影响结果分析

为了检验公交设施规模对技术效率是否存在可变的作用关系,本研究将 152 个样本城市分成了公交设施规模逐渐增大的 4 组,第 Ⅰ 组的公交设施规模最小,第 Ⅳ 组的公交设施规模最大。通过多群组分析得到了每组城市的公交线路长度对其技术效率的影响力变化图,如图 7-1 所示。

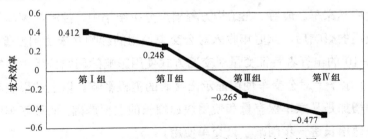

图 7-1 公交线路长度对技术效率的影响力变化图

不难发现，随着公交设施规模的增加，公交线路长度对技术效率的影响是由正到负的，这表明公交线路长度与技术效率间的关系是"倒 U 形"的。第 II 组的影响力值（0.248）是小于第 I 组的（0.412），这说明在公交设施发展前期，随着公交设施规模的扩大，公交线路长度对技术效率的积极影响是由强到弱的，直至变为消极影响；与此同时，第 IV 组的影响力绝对值（0.477）是大于第 III 组的（0.265），说明公交设施规模的继续扩大，公交线路长度对技术效率的消极影响越来越强。由此推断，公交设施发展到一定规模后，设施规模越大，公交系统越难维持高水平的技术效率。

此外，在表 4-9 的模型 4-3 中，网约车规模变量对公交车吸引力显示出显著的消极影响（$t = -0.084$，$p < 0.05$），说明网约车出行方式削弱了公交车吸引力。这可能是因为部分公交乘客从公交出行转移到了网约车出行。

7.1.2　公交服务质量对公交车吸引力影响结果分析

由第 5 章研究可知，改善公交服务质量确实可以通过抑制私家车保有量和私家车使用来增强公交车吸引力，但只有全面、大幅地改善公交服务质量才能抵消或超过私家车保有量和使用的快速增长对公交车吸引力带来的消极影响。那么，什么是导致私家车保有量和使用快速增长的主要原因？

首先，由附录 C 可以看出，婚姻状况和家庭年收入均在 0.01 水平上对私家车保有量显示出显著的积极影响，说明已婚、家庭经济条件良好的出行者更倾向于拥有私家车。其次，家庭年收入在 0.01 水平上也对私家车使用显示出显著的积极影响，说明家庭经济条件良好的出行者不仅更愿意拥有私家车，也更愿意使用私家车。最后，在结构方程模型分析结果中，控制私家车保有量和私家车使用的影响后，家庭年收入对公交车使用的影响并未达到显著性水平。而在表 5-10 的出行者特征变量对交通方式使用影响的回归分析中，家庭年收入却在 0.1 水平上对公交车使用显示出显著的消极影响。以上结果表明，家庭年收入的增加是私家车保有量和使用快速增长的主要原因，而私家车保有量和使用的快速增长进一步削减了公交车使用。

实际上，在第 4 章的多群组分析中（见附录 A），私家车保有率在第Ⅳ组对公交车吸引力产生显著的消极影响（$t=-0.485$，$p<0.01$），而第Ⅳ组的私家车保有率在 4 组中是最大的，这说明高水平的私家车保有率可显著降低城市的公交车吸引力，这与第 5 章研究结论一致。因此，对于增强公交车吸引力，除了改善公交服务质量，抑制私家车保有量和私家车使用也是关键。

7.1.3　私家车管制对公交车吸引力影响结果分析

首先，不论是客观的交通方式选择，还是主观的公交出行意愿，公交服务质量（经济性、可达性和快速性）均表现出显著的积极影响，该结果与第 5 章研究结论一致，即改善公交服务质量可增强公交车吸引力。

其次，在客观的交通方式选择研究中（见表 6-4），不论是私家车出行者，还是电动车出行者，停车费变量均显著地积极影响出行者的公交车使用行为，即月停车费越高，私家车出行者和电动车出行者选择公交车的概率越大；在主观的公交出行意愿研究中（见表 6-5），对于私家车出行者，私家车管制的 3 条措施——提高停车费、拥挤收费、尾号限行在所有回归模型中均在 0.01 水平上显著，优势比大于 1，说明 3 条私家车管制措施可显著提高私家车出行者的公交出行意愿，并且，以上 3 条管制措施对私家车出行者公交车吸引力的影响力从大到小排序依次为尾号限行、拥挤收费、提高停车费。对于电动车出行者，提高停车费管制措施同样在 0.01 水平上显著，优势比大于 1，说明提高停车费措施可显著提高电动车出行者的公交出行意愿。

再次，在客观的交通方式选择研究中（见表 6-4），公交可达性在私家车出行者子样本中显著的正向调节停车费水平对公交车吸引力的积极影响，公交经济性在电动车出行者子样本中显著的正向调节停车费水平对公交车吸引力的积极影响。为了更直观地解释公交服务质量对私家车停车费水平与公交车吸引力的调节效应，图 7-2 绘制了可达性和经济性对停车费水平与公交车吸引力的调节作用图。具体来说，对于可达性低的公交车，私家车停车费水平对公交车吸引力的积极作用非常弱；但对于可达性高的公交车，私家车停车费与公交车吸引力之间呈现出较强的正向关系。对于经济性低的公交车,电动车停车费水平对公交车吸引力的积极作用非常弱;但对于经济性高的公交车,电动车停车费与公交车吸引力之间呈现出较强的正向作用关系。

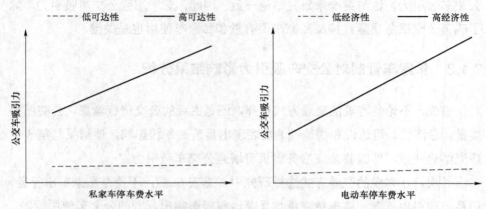

图 7-2　可达性与经济性对停车费水平和公交车吸引力的调节效应

最后,在主观的公交出行意愿研究中(见表 6-5),比较交互效应 $A\&B$ 优势比与主效应 A、B 优势比之和,发现 40%回归模型的 $A\&B$ 优势比大于主效应 A、B 优势比之和,即 1+1>2,说明公交服务质量与私家车管制间不仅存在互补效应,还有可能存在协同效应。

7.2　增强城市公交车吸引力的对策建议

7.2.1　依据自身实际情况选取合适的发展策略

由结果分析可以看出,公交设施规模、服务质量和私家车管制对公交车吸引力的影响会随着城市社会经济、公交自身的发展水平而变化。因此,不同城市的公共交通不应一刀切地采取同一种发展策略,各地政府和公共交通管理者应结合实际的发展情况选择合适的发展策略。

本研究第 4 章将 152 个样本城市分成了具有不同公交设施规模的 4 组，而每组城市的特点和面临的实际情况也均不相同，如表 7-1 所示。因此，为增强公交车吸引力，依据本研究结论，每组城市应采取不同的发展策略。

表 7-1　不同类别公交系统的不同表现

群组	公交设施规模	技术效率	公交车吸引力	规模报酬特性	代表城市
I	最小	高	低	递增	朝阳市、淮北市、阜阳市、宿州市、六安市、宣城市、河源市、贺州市、河池市、达州市、巴中市、平凉市等
II	第二	低	低	递增	唐山市、衡水市、包头市、辽阳市、丽水市、安庆市、枣庄市、东营市、廊坊市、济宁市、莱芜市等
III	第三	高	高	递减	张家口市、太原市、沈阳市、青岛市、郑州市、珠海市、南宁市、绵阳市、贵阳市、拉萨市、西安市、兰州市、西宁市、乌鲁木齐市等
IV	最大	低	高	递减	石家庄市、长治市、长春市、宁波市、合肥市、福州市、济南市、威海市、洛阳市、黄石市、昆明市等

第 I 组城市的公交设施规模最小，拥有较高的技术效率，但其公交车吸引力较低。同时，该组城市公交车显示出规模报酬递增的特性。由此可见，该组城市公交车吸引力低的主要原因是规模设施严重不足，相应地，提高公交设施规模是该组增强公交车吸引力最直接、有效的策略。

第 II 组城市的公交设施规模较第 I 组有所增加，但其公交车吸引力依然较低，并且技术效率已降低至 0.39，说明低效率运营已成为该组城市公交车缺乏吸引力的主要原因之一。对这些城市来说，提高技术效率是增强公交车吸引力最直接、有效的策略。此外，与第 I 组城市相同，该组城市公交车也具有规模报酬递增的特性，表明该组同样面临公交设施不足的情况，提高公交设施规模是该组的另一条有效策略。

第 III 组城市的公交车不论在技术效率还是在公交车吸引力方面均表现出

较高水平。但是，该组城市公交车显示出规模报酬递减的特性，说明尽管继续增加公交线路仍然可以提升公交车吸引力，但同时会大大降低技术效率。如果此时盲目增加公交设施规模，那么公交设施规模供给与需求间逐渐加大的差距最终会导致公交设施供给过剩。因此，依据本研究第 5 章研究结论，为进一步增强公交车吸引力，该组城市应该采用改善公交服务质量的发展策略。

第Ⅳ组城市的公交设施规模最大，虽然其公交车吸引力较高，但其技术效率较低。因此，提高技术效率和改善公交服务质量发展策略同样适用于该组。此外，该组城市的私家车保有率对公交车吸引力显示出显著的消极影响，说明该组城市的私家车发展水平已经严重威胁到了公交车的发展。同时，鉴于该组城市的公交车已发展到较高水平，依据第 6 章研究结论，此时实行合适的私家车管制措施是该组城市进一步增强公交车吸引力的有效策略。最后，图 7-3 汇总了 4 组城市公交车的发展现状和合适的发展策略。

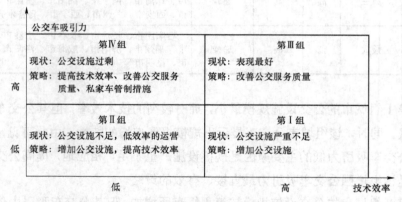

图 7-3　不同类别公交系统的发展策略

公交设施规模依次增加的 4 组样本同样代表了每个城市公共交通的发展历程。第Ⅰ组代表了城市公交的初始阶段，此时的公交设施相对于公共交通需求来说严重不足，大量增加公交设施即可显著增强公交车吸引力。随着公交设施规模的逐渐增加，城市公交发展到了第Ⅱ阶段（第Ⅱ组），此阶段的公交设施依然不足，但如果公交企业的服务能力跟不上持续增加的公交设施，就会引起技术效率低下的问题。因此，对于此发展阶段的公交车，增加公交设施的同时还需提高自身的服务能力来保持高效率的运营。当公交设施规模增加到满足公共交通需求，并能够维持高效率运营的时候，城市公交即发展到了第Ⅲ阶段（第Ⅲ组）。到了该阶段，公共交通已具有充足的服务设施，并能保持技术有效，因此，该阶段公共交通最合适的发展策略是改善公交服务质量，例如，通过调整和优化公交车线网结构提高公交便利性。此时如果继续盲目地增加公交设施，最终就会造成公交设施过剩的问题，使城市公交发展到第Ⅳ阶段（第Ⅳ组）。对于此阶段来说，城市已具有较高水平的公交服务，因此，除了提高运营效率、改善公交服务质量，实施私家车管制是进一步增加公交车吸引力的另一个有效策略。

　　虽然本研究对城市公交车的分组是基于 152 个城市样本进行的，具有很大的随机性。但人们并不需要关注每组城市公交设施规模的具体大小，城市间公交设施规模的相对大小以及它们实际面临的情况才是值得关注和分析的问题。因此，本研究基于这 4 组城市的发展现状提出的发展策略具有普适性。

7.2.2　增加公交设施的同时，保证技术有效

　　由第 4 章的公交设施规模对公交车吸引力的影响研究可知，不论公交设施规模大小，技术效率对公交车吸引力始终存在显著的积极影响。当公交设施规模较小时，增加公交设施规模可以通过提高技术效率来增强公交车吸引力，但当公交设施发展到一定规模时，再继续增加公交设施规模甚至会降低技术效率，这时不但不能增强公交车吸引力，反而会削弱公交车吸引力，这正是第Ⅱ组城市和第Ⅳ组城市面临的情况。因此，在增加公交设施规模的同时，保证技术有效是进一步提升城市公交车吸引力的关键。

　　按照 2009 年 Lao 和 Liu 的分类标准，技术效率大于 0.6 称之为技术有效，小于 0.6 则称为技术无效。对于本研究的 152 个样本城市，所有城市的技术效率得分均值只有 0.54，并且技术无效的样本城市有 103 个，占比 67.76%。此外，第Ⅱ组和第Ⅳ组的技术效率平均得分分别为 0.39 与 0.45，这意味着与技

术有效的公交系统相比，这两组的公交设施只生产了不到 1/2，甚至是 1/3 多的公交服务（车辆运营里程），有 1/2 多的公交设施被浪费了。以上结果说明我国城市公交的技术效率普遍偏低，建立高技术效率的公交系统已迫在眉睫。

依据本研究技术效率的定义，技术无效的公交系统要想达到技术有效可以通过两种途径，一是在公交线路长度、运营车辆数、从业人数等资源投入不变的情况下，尽可能多地产出公交服务（如公交车辆运营里程）；二是在公交服务产出量（如公交车辆运营里程）不变的情况下，减少公交线路长度、运营车辆数、从业人数等资源投入。而不论采用哪种途径，均离不开地方政府的有效监管和公交企业的高效运营。基于此，本研究提出如下对策建议：

第一，建立权责清晰、高效协调的管理体制。经过多年的改革和发展，目前我国城市交通管理机制总体上形成了 3 种管理模式：由交通、城建、规划、市政、公安等部门对城市交通运输实行的"多部门交叉"管理模式；由交通部门对市域范围内城乡道路客货运输进行统一管理的"城乡道路运输一体化"管理模式；由综合部门对公路、水路、轨道交通等多种交通方式进行统一规划、协调、管理、调配的"一城一交"综合管理模式。3 种模式之间存在管理层次由多到少、管理机构由繁到简、管理体制由分散到集中的演进关系。总的来说，"一城一交"综合管理模式完善了府际关系，提高了行政效率。但本研究并不建议所有城市全部采用"一城一交"管理模式，各城市还应选择与公共交通发展实际情况相匹配的管理模式。而不论城市选择哪种管理机制，都应建立权责清晰、高效协调的管理体制，避免发生政出多门、管理混乱、协调不畅等问题，为城市公共交通系统维持技术有效提供有力保障。

第二，引入竞争机制，实行公共交通特许经营制度。经济学观点认为，垄断是市场低效率的一个直接因素，而私有制能够带来更高的效率。特许经营制度允许民营机构参与城市公共交通运营，打破了国有垄断经营，创造了竞争的市场环境。竞争意识可以激发公交企业发展活力，更有效地配置公共交通资源，最终利于提高技术效率。然而，过度民营化导致过度竞争，必会引起公共交通市场秩序混乱，损害社会效益。因此，规模经营、适度竞争才是解决公共交通市场因缺乏竞争而引起的效率低下问题的根本途径。

7.2.3　持续改善公交服务质量

由第 5 章的公交服务质量对公交车吸引力的影响研究可知，面对当前我国城市私家车保有量的快速增长对公交车吸引力产生的巨大冲击，只有全面、大幅度地提升公交服务质量才能吸引到更多的人使用公交车。并且，由第 6 章的私家车管制对公交车吸引力的影响研究可知，高质量的公交服务亦是实行私家车管制的重要前提。因此，持续改善公交服务质量是所有城市提升公交车吸引力的必要手段。基于公交服务质量的 7 个属性，本研究提出如下对策建议：

第一，城市公共交通是公益性事业，继续实行低票价以及月票，老年人、残疾人、伤残军人等减免票政策，保障公共交通的经济性。

第二，根据居民出行需求特点，适时新增、调整和优化城市公交车线网结构，提高可达性和便利性。普及城市公共交通"一卡通"，建设移动支付体系，方便本地居民和外来人员的使用。

第三，推动城市快速公交系统合理发展，加强快速公交系统与公交车的衔接，完善换乘设施，构筑大容量快速城市公共交通系统。积极推进城市公共交通优先车道和优先信号系统建设，形成城市公共交通优先通行网络，改善公交车的快速性和准确性。

第四，加快发展安全性能高、乘坐舒适的城市公交车辆，推广应用大容量、低地板公交车辆和空调车。积极推广应用无障碍化城市公交车辆，完善无障碍设施，方便残疾人乘用。

第五，加强城市公共交通企业的安全生产管理和应急管理，定期开展安全检查和隐患排查整治，全面落实企业安全生产主体责任。制定完善应对自然灾害、运营事故、恐怖袭击和公共卫生等突发事件的城市公共交通应急预案，并定期演练。安全生产与安全服务是公交车保持吸引力的最基本要求。

第六，建设完善公众出行信息服务系统、车辆运营调度管理系统、安全监控系统和应急处置系统，提高城市公交车智能化水平。智能化公交系统可以向公众提供高质量的信息咨询服务、向管理者提供实时的公交车运营状态查询、历史数据的储存和分析服务，也可进一步支持政府部门规划、调整公交线网、制定交通发展政策。总的来说，公交车智能化水平的提高可以极大改善公交服务质量，如公交车的准确性、便利性、安全性等。然而，智能公交并不适用于所有城市，其对公交车基础设施、通信设施等硬件环境和工作人员的专业素养等软件环境均有较高要求，其前期建设和后期运营维护也需要巨额投入。各城市还需因地制宜，适度发展。

7.2.4   酌情实行私家车管制

由第 6 章的私家车管制对公交车吸引力的影响研究可知，私家车管制可显著增强公交车吸引力。因此，私家车管制措施是增强公交车吸引力的重要补充手段。依据本研究结果，提出如下对策建议：

第一，按照停车场位置、停车场类型、停车时段、车辆类型不同，实行差别化停车收费需求管理措施。积极运用价格杠杆调节公众停车需求和行为，从而促使有选择权居民从私家车转移到公交车。

第二，谨慎使用拥挤收费需求管理措施。虽然拥挤收费措施可显著增强公交车吸引力，但到目前为止，真正成功使用拥挤收费政策的案例只有新加坡和伦敦。在该措施中，划定收费区域、时间、标准、方式、对象、技术、民众接受度等均是难题，故该措施应谨慎使用。

第三，对机动车辆实行尾号限行措施。通过上述的差别化停车收费、拥挤费用等经济性措施，虽然在短期内可对私家车使用产生影响，但随着时间的推移，人们对这些收费项目逐渐适应，或通过购买低成本的车辆来抵消收费的影响，这些措施的效果逐渐削减，难以长时间有效改变私家车出行者的出行习惯。因此，在经济性措施基础上还应配套行政性措施。尾号限行措施可强制性地削减私家车出行量，虽然部分出行者会通过改变私家车出行时间，或购置第二辆车来规避限行政策，但尾号限行措施的总体影响是积极的。

第四，实行小客车数量调控措施。在第 5 章的公交服务质量对公交车吸引力的影响研究中发现，私家车保有量是削弱公交车吸引力的主要因素。因此，面对城市私家车保有量的快速增长，对私家车增长数量进行适当管制是必要的。我国城市实行小客车数量调控措施有两种，一种是以北京、天津、广州、深圳、杭州等城市为代表的车牌摇号措施，另一种是以上海为代表的车牌拍卖措施。两种措施均能有效约束公众的私家车拥有行为。

最后，需要特别说明的是，虽然私家车管制可以显著增强公交车吸引力，但其只有在高质量的公交服务的基础上才能充分发挥其积极影响。因此，实行私家车管制是有前提条件的，就是城市已经具备较完善的公交基础设施和较高的服务水平。如若没有可以较好替代私人交通需求的公共交通服务，强制实行私家车管制只会造成"上有政策、下有对策"的不良后果。

7.3　本章小结

本章首先依据第 4 章、第 5 章和第 6 章的实证结果分析了公交设施规模、服务质量和私家车管制对城市公交车吸引力的影响研究结果。然后，依据分析结果为城市公交车在发展过程中所处的不同阶段和面临的不同问题提出了相应的发展策略。总的来说，当公交设施规模较小时，增加公交设施规模即可显著增加公交车吸引力；但当公交设施规模达到一定水平时，继续增加公交设施规模可能会降低技术效率而削弱公交车吸引力，因此，在增加公交设施规模的同时，保证公交系统的技术有效是关键。此外，不论公共交通处于何种发展阶段，改善公交服务质量一直是有积极影响的。尤其当城市私家车保有量快速增长时，更需要全面、大幅度地提升公交服务质量。最后，对于公共交通发展水平较高的城市，实行私家车管制是进一步提升公交车吸引力的有效补充策略。

第 8 章

结论与展望

本章首先回顾了本研究的主要结论，总结了主要创新点，最后指出了本研究的局限性及未来需要进一步探讨的问题。

8.1 研究的主要结论

基于我国城市公共交通优先发展目标和内容，本研究从公交设施规模、服务质量和私家车管制 3 个方面构建了城市公交车吸引力研究框架，探讨了增加公交设施规模、提高服务质量与实行私家车管制措施对公交车吸引力的影响机制。对此，本研究的主要结论如下：

（1）公交设施规模对公交车吸引力的影响研究。基于已有研究成果，选择公交线路长度和万人拥车率两个指标代表公交设施规模，构建了公交线路长度、万人拥车率、技术效率和公交车吸引力的假设模型；应用我国 2015 年 152 个城市的公共交通相关数据，检验了假设模型中 4 个变量间的作用关系；将 152 个城市公交系统分成了具有不同设施规模的群组，验证了 4 个变量在不同群组内可变的作用关系。结果表明，从公交系统总体看，公交线路长度对技术效率存在显著的负向影响，而技术效率对公交车吸引力存在显著的正向影响；同时，公交线路长度显著地正向影响万人拥车率，而万人拥车率显著地正向影响公交车吸引力。因此说，公交线路长度可以通过技术效率和万人拥车率两条路径影响公交车吸引力。更重要的是，技术效率的中介效应会随着公交设施规

140

模的发展而变化。具体来说，对于设施规模较小的公交系统，增加公交线路长度可以通过提高技术效率而增强公交车吸引力，但当公交设施规模增长到一定程度的时候，再继续增加公交线路长度会降低技术效率而削弱公交车吸引力。以上研究结果表明盲目增加公交设施规模可能会降低技术效率，造成公交设施资源的浪费。

（2）公交服务质量对公交车吸引力的影响研究。基于已有研究成果，构建了公交服务质量、私家车保有量、私家车使用和公交车吸引力的假设模型；应用常州市 334 份居民出行数据检验了以上 4 个变量间的作用关系，分析了私家车和公交车两类乘客的个体及家庭社会经济特征。结果表明，改善公交服务质量可显著降低私家车保有量和私家车使用，进而增强公交车吸引力，即高质量的公交服务确实可以抑制私家车的购买行为，并将私家车使用者从私家车吸引到公交车。然而，虽然公交服务质量对公交车吸引力存在显著的积极影响，但与私家车保有量和使用对公交车吸引力产生的消极影响相比，公交服务质量的积极影响较弱。在私家车快速增长的情况下，只有全面、大幅度地提升服务质量才能吸引到更多的人使用公交车。此外，在私家车和公交车两类乘客的个体及家庭社会经济特征分析中发现，倾向于照顾家庭需求的女性、低收入者、家中无小孩者、短途出行者在面对公交服务质量改善时，更容易放弃私家车而转向公交车。

（3）私家车管制对公交车吸引力的影响研究。基于我国城市交通出行的特点和已有研究成果，同时将私家车和电动车纳入私家车范畴，构建了私家车管制、公交服务质量和公交车吸引力的假设模型；应用常州市有选择权居民的RP 数据和私家车使用者的 SP 数据，同时从出行个体客观的交通方式选择和主观的公交出行意愿两个角度检验了私家车管制对公交车吸引力的直接作用及公交服务质量的调节效应；探讨了公交车对私家车出行者和电动车出行者吸引力的差异。结果表明，不论是对私家车还是电动车，实行严厉的私家车管制可显著增强公交车吸引力，且其对公交车吸引力的积极影响会随着城市公交服务质量的提升而增加。这说明在大力扶持公共交通的同时，对私家车拥有和使用进行合理的管制可以更加有效地增强公交车吸引力，但只有在高质量的公交服务的基础上，私家车管制才能充分发挥其积极影响。此外，公交车在相同情况下对小汽车和电动车两类出行者表现出了不同的吸引力。具体来说，对高学历、无房贷、长距离出行的电动车出行者来说，公交车吸引力较强，更有可能选择公共交通出行；但对同样的高学历、无房贷、长距离出行的私家车出行者来说，公交车吸引力较弱，更愿意选择私家车出行。

8.2　研究的主要创新点

本研究的创新点如下：

（1）验证了技术效率在公交设施规模和公交车吸引力间的中介效应。与以往的公交设施规模与公交车吸引力研究不同，本研究首次将技术效率变量作为中介变量引入公交设施规模与公交车吸引力的研究，构建了公交设施规模、技术效率和公交车吸引力的假设模型。模型探讨了不同公交设施规模对技术效率和公交车吸引力的差异影响，解释了为什么我国城市公交设施不断扩大，而公交车客流量并未持续增加的原因。

（2）揭示了公交服务质量对公交车吸引力的作用机制。本研究首次将私家车保有量和私家车使用两个变量同时引入公交服务质量与公交车吸引力的研究中，构建了公交服务质量、私家车保有量、私家车使用和公交车吸引力的假设模型，弥补了关于公交服务质量对公交车吸引力影响机制研究的不足。探讨了改善公交服务质量能否抑制私家车保有量、能否将私家车使用者从私家车出行转移到公交车出行的问题，同时也解释了为什么我国城市公交车吸引力依然偏低、城市交通依然拥堵的原因。

（3）同时从出行个体客观的交通方式选择和主观的公交出行意愿两个角度检验了私家车管制对公交车吸引力的直接作用，以及公交服务质量在私家车管制与公交车吸引力之间的调节效应。考虑到我国城市电动车发展水平及其带来的交通问题，本研究首次将电动车纳入私家车范畴，比较分析了私家车和电动车两类出行者在相同的公交服务质量与私家车管制下对公交车吸引力的差异性表现，为公交车吸引力研究提供了更广阔的视角。

8.3 研究的局限性与未来展望

虽然本研究丰富了公交车吸引力的研究成果，具有一定的理论价值和实践启示。但由于笔者的能力和时间有限，再加上城市公交车影响因素复杂、运营信息难获取，使得本研究很难在研究的广度和深度上面面俱到，存在一定的局限性和需要进一步解决的问题，具体表现在：

第一，本研究采用公交线路长度和万人拥车率两个变量来代表公交设施规模，但实际上，公交设施规模不仅包括公交线路和公交车辆，还包括公交候车亭、公交场站和公交专用道等，这些设施也会对公共交通技术效率和公交车吸引力产生影响。因此，未来研究中，通过对各城市的公共交通基础设施进行实地调研与搜集，构建更加科学合理的指标体系评价公交设施规模，进一步分析公交设施规模对技术效率和公交车吸引力的影响。

第二，城市公交车吸引力的影响因素众多、机理复杂，本研究仅控制了几个有限的主要因素。另外，对于公交票价水平变量，以往研究均是采用平均票价（票款总收入除以公交车客流量）指标，但由于获取 152 个城市公交票款收入数据难度太大，本研究用城市居民人均可支配收入变量作为公交票价的代理变量。虽然公交票价制定时将城市居民人均可支配收入作为重要依据，两者间具有较大相关性，但城市居民人均可支配收入不能完全表征公交票价水平。因此，未来研究需要在更宏大的视角下考虑更多的影响因素做进一步深入的研究。

第三，本研究的 3 篇实证分析的样本量都偏小（分别是 152、334 和 313），可能会影响到统计结果的可靠性。因此，未来研究需要扩大样本量来验证研究结论的可靠性。例如，城市层面上的社会经济和公共交通数据可以在时间维度上纵向扩展，获得面板数据；个体层面的交通出行数据可以在空间维度上横向扩展，在小城市、中等城市、大城市、特大城市、超大城市等不同规模的城市获得更加多样性的城市居民出行数据。

第四，因为本研究的问卷调查地常州市未实行拥挤收费和机动车限行等私家车管制措施，本研究只能利用主观的 SP 数据检验拥挤收费和机动车限行措施与公交服务质量的交互效应。虽然有研究表明主观态度与客观行为间存在较高的一致性，但两类政策间的交互效应结论推广到出行者有真实的交通方式选择行为时还需持谨慎态度。因此，未来研究应对已实行私家车管制的城市进行实地调研与数据搜集，进一步检验私家车管制与公交服务质量的交互效应在客观的交通方式选择行为中是否依然存在。

附录 A 多群组分析结果

因变量	解释变量	第Ⅰ组	第Ⅱ组	第Ⅲ组	第Ⅳ组
技术效率	公交线路长度	0.412** (0.000)	0.248** (0.000)	−0.265* (0.000)	−0.477** (0.000)
万人拥车率	公交线路长度	0.518*** (0.000)	0.220* (0.000)	0.268* (0.000)	0.333 (0.000)
公交车吸引力	技术效率	0.211** (24.160)	0.606*** (17.262)	0.415*** (22.983)	0.520*** (81.037)
	万人拥车率	0.900*** (5.318)	0.521*** (1.478)	0.772*** (2.459)	0.289 (6.267)
	人均GDP	−0.138 (0.000)	0.114 (0.000)	−0.014 (0.000)	−0.084 (0.000)
	人口密度	0.006 (0.004)	0.092 (0.003)	0.023 (0.005)	0.073 (0.008)
	私家车保有率	0.063 (0.270)	−0.018 (8.783)	−0.015 (21.003)	−0.485*** (46.408)
	网约车规模	−0.017 (2.092)	−0.201*** (1.376)	−0.055 (3.674)	−0.263 (7.514)
	有无轨道交通	0.122 (13.724)	0.099 (10.475)	−0.112 (16.024)	0.179 (10.738)
	公交票价	−0.138 (0.037)	0.077 (0.010)	0.061 (0.033)	0.231 (0.030)
	服务频率	0.361 (16.689)	−0.206 (7.203)	−0.407 (14.792)	0.167 (70.398)
	可达性	−0.124 (34.574)	0.144 (51.503)	0.118 (172.508)	−0.659 (193.008)
	覆盖率	0.019 (0.546)	−0.006 (0.234)	0.438*** (0.657)	−0.096 (1.203)

注：标准化回归系数；括号中为标准误；"***"表示$p<0.01$；"**"表示$p<0.05$；"*"表示$p<0.1$。

附录 B 中国大中城市居民交通方式选择行为调查表

尊敬的女士/先生：

您好！我们是上海交通大学安泰经济与管理学院的研究团队，希望您可以在百忙之中帮忙填写这份问卷，本问卷采用匿名形式，所有数据仅供学术研究使用，请放心填写。问卷填写完毕后，我们将为您提供 **15 元现金**，感谢您的支持！

请您根据自己的实际情况，在以下问题的正确答案上打"√"，谢谢。

1. 您的性别：

   A. 男   B. 女

2. 您的年龄：

   A. 18 岁及以下   B. 19~24 岁   C. 25~35 岁

   D. 36~45 岁   E. 46~55 岁   F. 56 岁及以上

3. 您的最高学历：

   A. 初中及以下   B. 高中   C. 专科

   D. 本科   E. 硕士及以上

4. 您每月的工资水平：

   A. 2 000 元以下   B. 2 000~<3 000 元 C. 3 000~<5 000 元

   D. 5 000~<8 000 元 E. 8 000~<12 000 元 F. 12 000 元及以上

5. 您的家庭年收入：

   A. 3 万元以下   B. 3 万~<8 万元   C. 8 万~<12 万元

D. 12 万～<20 万元　　E. 20 万～<30 万元　　F. 30 万元及以上

6. 您的家庭在当地有没有房产：

　　A. 有　　　　　　　　B. 没有

7. 目前，您的家庭有没有房贷：

　　A. 有　　　　　　　　B. 没有

8. 您的婚姻状况：

　　A. 未婚　　　　　　　B. 已婚

9. 您家庭中最小成员的年龄：

　　A. 3 岁及以下　　　　B. 4～12 岁　　　　　C. 13～18 岁

　　D. 19 岁及以上

10. 您家庭成员的数目：

　　A. 2 人及以下　　　　B. 3～4 人　　　　　C. 5～6 人

　　D. 7 人及以上

11. 您有没有私家小汽车：

　　A. 有　　　　　　　　B. 没有

——如果您选择"有"，请回答以下问题，否则请忽略：

（1）在上班途中，您每天驾驶私家车需要支付多少过路费（单程）：

　　A. 0 元　　　　　　　B. 2 元以下　　　　　C. 2～<5 元

　　D. 5～<8 元　　　　　E. 8～<10 元　　　　F. 10 元及以上

（2）您每月的小汽车停车费用是：

　　A. 100 元以下　　　　B. 100～<200 元　　　C. 200～<300 元

　　D. 300～<400 元　　　E. 400～<500 元　　　F. 500 元及以上

（3）在您工作单位附近，您是否拥有固定停车位（租的车位也算）：

　　A. 有　　　　　　　　B. 没有

12. 您有没有电动自行车：

　　A. 有　　　　　　　　B. 没有

——如果您选择"有"，请回答以下问题，否则请忽略：

（1）您每月的电动自行车停车费用是：

A. 0 元   B. 1～<30 元   C. 30～<60 元

D. 60～<90 元   E. 90～<120 元   F. 120 元及以上

（2）通常情况下，您的电动自行车每周充几次电：

     A. 至少一次   B. 至少两次

     C. 至少三次   D. 四次及以上

（3）使用电动车时，您认为电动车能否保障您的人身和财产安全：

     A. 能   B. 不能

13. 您的工作单位有无市内交通补贴：

     A. 有   B. 没有

14. 从您家到工作单位的通行距离（注意：不是直线距离）：

     A. 2.5 千米以下   B. 2.5～<5 千米   C. 5～<7.5 千米

     D. 7.5～<10 千米   E. 10～<15 千米   F. 15～<20 千米

     G. 20～<30 千米以上   H. 30 千米及以上

15. 您每周工作日（周一至周五，共 5 天）选择以下每种出行方式的平均次数：

公交车：A. 0 次   B. 1～<10 次   C. 10～<20 次   D. 20 次及以上

私家车：A. 0 次   B. 1～<10 次   C. 10～<20 次   D. 20 次及以上

其他：   A. 0 次   B. 1～<10 次   C. 10～<20 次   D. 20 次及以上

16. 您每周周末（周六和周日，共 2 天）选择以下每种出行方式的平均次数：

公交车：A. 0 次   B. 1～2 次   C. 3～4 次   D. 5 次及以上

私家车：A. 0 次   B. 1～2 次   C. 3～4 次   D. 5 次及以上

其他：   A. 0 次   B. 1～10 次   C. 11～20 次   D. 20 次及以上

17. 在上班途中，从居住地到工作单位的公交票价为（单程）：

     A. 5 元以上   B. 4～<5 元   C. 3～<4 元

     D. 2～<3 元   E. 1～<2 元   F. 1 元以下

18. 在上班途中，从居住地步行到公交站点所需时长为：

     A. 20 分钟及以上   B. 15～<20 分钟   C. 10～<15 分钟

     D. 5～<10 分钟   E. 5 分钟以下

19. 在上班途中，您在公交车上的乘坐时间通常为：

    A. 60 分钟及以上　　B. 50～<60 分钟　　C. 40～<50 分钟

    D. 30～<40 分钟　　E. 20～<30 分钟　　F. 10～<20 分钟

    G. 10 分钟以下

20. 您在工作通勤中最常用的出行方式是：

    A. 步行　　　　　　B. 自行车　　　　　　C. 公交车

    D. 地铁　　　　　　E. 出租车　　　　　　F. 私家车

    G. 电动自行车

——如果您选择"私家车"，请回答以下问题，否则请忽略：

（1）您现在在工作出行中愿意放弃私家车转向公共交通吗？

    A. 不愿意　　　　　B. 无所谓　　　　　C. 愿意

（2）如果公交票价在现基础上打 8 折，您在工作出行中愿意放弃私家车转向公共交通吗？

    A. 不愿意　　　　　B. 无所谓　　　　　C. 愿意

（3）如果居住地与公交站点间的步行时间在现有基础上缩短 5 分钟，您在工作出行中愿意放弃私家车转向公共交通吗？

    A. 不愿意　　　　　B. 无所谓　　　　　C. 愿意

（4）如果公交车提速、可以节省 10 分钟的乘车时间，您在工作出行中愿意放弃私家车转向公共交通吗？

    A. 不愿意　　　　　B. 无所谓　　　　　C. 愿意

（5）如果每天通勤途中需要额外支付 10 元道路拥挤费用，您在工作出行中愿意放弃私家车转向公共交通吗？

    A. 不愿意　　　　　B. 无所谓　　　　　C. 愿意

（6）如果实行每周一天的尾号限行政策，您在工作出行中愿意放弃私家车转向公共交通吗？

    A. 不愿意　　　　　B. 无所谓　　　　　C. 愿意

（7）如果每月小汽车停车费增加 100 元，您在工作出行中愿意放弃私家车转向公共交通吗？

        A. 不愿意   B. 无所谓   C. 愿意

（8）如果公交票价在现基础上打 8 折，同时，每天工作途中需要额外支付 10 元道路拥挤费用，您愿意放弃私家车转向公共交通吗？

        A. 不愿意   B. 无所谓   C. 愿意

（9）如果居住地与公交站点间的步行时间在现基础上缩短 5 分钟，同时，每天通勤途中需要额外支付 10 元道路拥挤费用，您在工作出行中愿意放弃私家车转向公共交通吗？

        A. 不愿意   B. 无所谓   C. 愿意

（10）如果公交车提速可以节省 10 分钟的乘车时间，同时，每天通勤途中需要额外支付 10 元道路拥挤费用，您在工作出行中愿意放弃私家车转向公共交通吗？

        A. 不愿意   B. 无所谓   C. 愿意

（11）如果公交票价在现基础上打 8 折，同时，实行每周一天的尾号限行政策，您在工作出行中愿意放弃私家车转向公共交通吗？

        A. 不愿意   B. 无所谓   C. 愿意

（12）如果居住地与公交站点间的步行时间在现基础上缩短 5 分钟，同时，实行每周一天的尾号限行政策，您在工作出行中愿意放弃私家车转向公共交通吗？

        A. 不愿意   B. 无所谓   C. 愿意

（13）如果公交车提速可以节省 10 分钟的乘车时间，同时，实行每周一天的尾号限行政策，您在工作出行中愿意放弃私家车转向公共交通吗？

        A. 不愿意   B. 无所谓   C. 愿意

（14）如果公交票价在现基础上打 8 折，同时，每月私家车停车费增加 100 元，您在工作出行中愿意放弃私家车转向公共交通吗？

        A. 不愿意   B. 无所谓   C. 愿意

（15）如果居住地与公交站点间的步行时间在现基础上缩短 5 分钟，同时，每月私家车停车费增加 100 元，您在工作出行中愿意放弃私家车转向公共交通吗？

        A. 不愿意   B. 无所谓   C. 愿意

（16）如果公交车提速可以节省 10 分钟的乘车时间，同时，每月私家车停车费增加 100 元，您在工作出行中愿意放弃私家车转向公共交通吗？

　　　　A. 不愿意　　　　　B. 无所谓　　　　　C. 愿意

——如果您选择"电动车"，请回答以下问题，否则请忽略：

（17）您现在在工作出行中愿意放弃电动车转向公共交通吗？

　　　　A. 不愿意　　　　　B. 无所谓　　　　　C. 愿意

（18）如果公交票价在现基础上打 8 折，您在工作出行中愿意放弃电动车转向公共交通吗？

　　　　A. 不愿意　　　　　B. 无所谓　　　　　C. 愿意

（19）如果居住地与公交站点间的步行时间在现有基础上缩短 5 分钟，您在工作出行中愿意放弃电动车转向公共交通吗？

　　　　A. 不愿意　　　　　B. 无所谓　　　　　C. 愿意

（20）如果公交车提速可以节省 10 分钟的乘车时间，您在工作出行中愿意放弃电动车转向公共交通吗？

　　　　A. 不愿意　　　　　B. 无所谓　　　　　C. 愿意

（21）如果每月电动车停车费增加 100 元，您在工作出行中愿意放弃电动车转向公共交通吗？

　　　　A. 不愿意　　　　　B. 无所谓　　　　　C. 愿意

（22）如果公交票价在现基础上打 8 折，同时，每月电动车停车费增加 100 元，您在工作出行中愿意放弃电动车转向公共交通吗？

　　　　A. 不愿意　　　　　B. 无所谓　　　　　C. 愿意

（23）如果居住地与公交站点间的步行时间在现有基础上缩短 5 分钟，同时，每月电动车停车费增加 100 元，您在工作出行中愿意放弃电动车转向公共交通吗？

　　　　A. 不愿意　　　　　B. 无所谓　　　　　C. 愿意

（24）如果公交车提速可以节省 10 分钟的乘车时间，同时，每月电动车停车费增加 100 元，您在工作出行中愿意放弃电动车转向公共交通吗？

　　　　A. 不愿意　　　　　B. 无所谓　　　　　C. 愿意

请您根据自己的实际情况，分别对以下表格中的问题选择相对应的分值，并对其打"√"，其中：

1 表示"极端不同意"；2 表示"强烈不同意"；3 表示"明显不同意"；4 表示"稍微不同意"；5 表示"不清楚"；6 表示"稍微同意"；7 表示"明显同意"；8 表示"强烈同意"；9 表示"极端同意"

	公交服务质量									
1	我认为公交车的出行成本低	1	2	3	4	5	6	7	8	9
2	与我得到的服务相比，我认为公交车的出行成本较低	1	2	3	4	5	6	7	8	9
3	我认为公交车的步行到站和离站时间短	1	2	3	4	5	6	7	8	9
4	我认为公交车可以满足我的不同出行目的	1	2	3	4	5	6	7	8	9
5	我认为公交车的直达性好	1	2	3	4	5	6	7	8	9
6	我可以容易地获取公交车的行驶路线等信息	1	2	3	4	5	6	7	8	9
7	我认为公交车的行驶速度是合适的	1	2	3	4	5	6	7	8	9
8	我认为公交车的准时性好	1	2	3	4	5	6	7	8	9
9	我认为公交车的出行环境好	1	2	3	4	5	6	7	8	9
10	公交车让我感觉很好，出行过程总是很愉快	1	2	3	4	5	6	7	8	9
11	我认为公交车得以很好地保障我的人身安全和财产安全	1	2	3	4	5	6	7	8	9
12	我比较信任公交车的司机	1	2	3	4	5	6	7	8	9

谢谢您的合作！

调查员签字：_____

调查时间：_____

附录 C 结构方程模型分析结果

被解释变量	解释变量	t
私家车拥有（PCO）	公交服务质量（TSQ）	-0.353^{***}（0.017）
	婚姻状况（Marriage）	0.195^{***}（0.049）
	家庭年收入（Income）	0.269^{***}（0.018）
私家车使用（PCU）	公交服务质量（TSQ）	-0.136^{***}（0.026）
	私家车保有量（PCO）	0.703^{***}（0.091）
	家庭年收入（Income）	0.180^{***}（0.029）
公交车吸引力（PTA）	公交服务质量（TSQ）	0.112^{**}（0.026）
	私家车保有量（PCO）	-0.357^{***}（0.137）
	私家车使用（PCU）	-0.487^{***}（0.086）
	婚姻状况（Marriage）	-0.051（0.080）
	家中最小成员年龄小于 12 岁（Child_2）	-0.052（0.075）
	家庭成员数目（Member）	-0.001（0.055）
	家庭年收入（Income）	0.067（0.031）
	有无房产（Estate）	-0.001（0.085）
	有无房贷（Load）	0.111^{**}（0.074）
	出行距离 7.5～10 千米（Distance_4）	0.083^{*}（0.114）

注：t 代表标准化回归系数；括号中为标准误；"***"表示 $p<0.01$；"**"表示 $p<0.05$；"*"表示 $p<0.1$。

参 考 文 献

[1] ABDEL-ATY M A. Using ordered probit modeling to study the effect of ATIS on transit ridership[J]. Transportation research part C: emerging technologies, 2001, 9 (4): 265-277.

[2] AGARWAL S, KOO K M. Impact of electronic road pricing (ERP) changes on transport modal choice[J]. Regional science and urban economics, 2016, 60: 1-11.

[3] ALBERT G, MAHALEL D. Congestion tolls and parking fees: a comparison of the potential effect on travel behavior[J]. Transport policy, 2006, 13 (6): 496-502.

[4] AJZEN I. The theory of planned behavior[J]. Organizational behavior and human decision processes, 1991, 50 (2): 179-211.

[5] ANDERSEN P, PETERSEN N C. A procedure for ranking efficient units in data envelopment analysis[J]. Management science, 1993, 39(10): 1261-1264.

[6] ARANA P, CABEZUDO S, PEÑALBA M. Influence of weather conditions on transit ridership: a statistical study using data from smartcards[J]. Transportation research part A: policy and practice, 2014, 59: 1-12.

[7] AZADI M, SHABANI A, KHODAKARAMI M, et al. Planning in feasible region by two-stage target-setting DEA methods: an application in green supply chain management of public transportation service providers[J]. Transportation research part E: logistics and transportation review, 2014, 70: 324-338.

154

[8] BARON R M，KENNY D A. The moderator–mediator variable distinction in social psychological research: Conceptual，strategic，and statistical considerations [J]. Journal of personality and social psychology，1986，51（6）：1173.

[9] BEN–AKIVA M，MORIKAWA T. Comparing ridership attraction of rail and bus[J]. Transport policy，2002，9（2）：107–116.

[10] BIRAGO D，MENSAH S O，SHARMA S. Level of service delivery of public transport and mode choice in Accra，Ghana[J]. Transportation research part F: traffic psychology and behaviour，2017，46：284–300.

[11] BLY P H，OLDFIELD R H. The effect of car ownership and income on bus travel[J]. Traffic engineering & control，1978，19（8/9）.

[12] BOAME A K. The technical efficiency of Canadian urban transit systems[J]. Transportation research part E: logistics and transportation review，2004，40（5）：401–416.

[13] BOISJOLY G，GRISÉ E，MAGUIRE M，et al. Invest in the ride: a 14 year longitudinal analysis of the determinants of public transport ridership in 25 north American cities[J]. transportation research part A: policy and practice，2018，116：434–445.

[14] BRAKEWOOD C，MACFARLANE G S，WATKINS K. The impact of real–time information on bus ridership in New York city[J]. Transportation research part C: emerging technologies，2015，53：59–75.

[15] BRATZEL S. Conditions of success in sustainable urban transport policy change in 'relatively successful'European cities[J]. Transport reviews，1999，19（2）：177–190.

[16] BROWNE M W，CUDECK R. Alternative ways of assessing model fit[J]. Sage focus editions，1992，154：136–136.

[17] BYRNE B M. Structural equation modeling with AMOS: Basic concepts，applications，and programming[M]. New Jersey: Lawrence Erlbaum Associates，2001.

[18] CANTWELL M，CAULFIELD B，O'MAHONY M. Examining the factors that impact public transport commuting satisfaction[J]. Journal of public transportation，2009，12（2）：1-21.

[19] CERVERO R. Transit pricing research[J]. Transportation，1990，17（2）：117-139.

[20] CHAKOUR V，ELURU N. Examining the influence of urban form and land use on bus ridership in Montreal[J]. Procedia-social and behavioral sciences，2013，104：875-884.

[21] CHAKRABARTI S. How can public transit get people out of their cars? an analysis of transit mode choice for commute trips in Los Angeles[J]. Transport policy，2017，54：80-89.

[22] CHAKRABORTY A，MISHRA S. Land use and transit ridership connections：implications for state-level planning agencies [J]. Land use policy，2013，30（1）：458-469.

[23] CHIEN S I，QIN Z. Optimization of bus stop locations for improving transit accessibility[J]. Transportation planning and Technology，2004，27（3）：211-227.

[24] CHEN C，VARLEY D，CHEN J. What affects transit ridership? A dynamic analysis involving multiple factors，lags and asymmetric behaviour[J]. Urban Studies，2011，48（9）：1893-1908.

[25] CHEN C M，DU J，HUO J，et al. Undesirable factors in integer-valued DEA：evaluating the operational efficiencies of city bus systems considering safety records[J]. Decision support systems，2012，54（1）：330-335.

[26] CHEN X，WANG X，ZHANG H，et al. The diversity and evolution process of bus system performance in Chinese cities：an empirical study[J]. Sustainability，2014，6（11）：7751-7767.

[27] CULLINANE S. The relationship between car ownership and public transport provision：a case study of Hong Kong[J]. Transport policy，2002，9（1）：

29-39.

[28] CURRIE G，WALLIS I. Effective ways to grow urban bus markets-a synthesis of evidence[J]. Journal of transport geography，2008，16（6）：419-429.

[29] CURTIN J F. Effect of fares on transit riding[J]. Highway research record，1968（213）：8-20.

[30] CHARNES A，COOPER W W，RHODES E. Measuring the efficiency of decision making units[J]. European journal of operational research，1978，2（6）：429-444.

[31] COWIE J，ASENOVA D. Organisation form，scale effects and efficiency in the British bus industry[J]. Transportation，1999，26（3）：231-248.

[32] DAVISON L J，KNOWLES R D. Bus quality partnerships，modal shift and traffic decongestion[J]. Journal of transport geography，2006，14（3）：177-194.

[33] DE GRANGE L，TRONCOSO R. Impacts of vehicle restrictions on urban transport flows：the case of Santiago，Chile[J]. Transport policy，2011，18（6）：862-869.

[34] DE GRANGE L，TRONCOSO R，GONZÁLEZ F. An empirical evaluation of the impact of three urban transportation policies on transit use [J]. Transport policy，2012，22：11-19.

[35] DEKA D. Transit availability and automobile ownership some policy implications[J]. Journal of planning education and research，2002，21（3）：285-300.

[36] DE MENEZES J，JOHN F. Factors influencing transit use in European and U.S. cities[J]. Transportation research record. 1983，936，44-47.

[37] DE WITTE A，MACHARIS C，LANNOY P，et al. The impact of "free" public transport：the case of Brussels[J]. Transportation research part A：policy and practice，2006，40（8）：671-689.

[38] DREVS F, TSCHEULIN D K, LINDENMEIER J, et al. Crowding-in or crowding out: an empirical analysis on the effect of subsidies on individual willingness-to-pay for public transportation[J]. Transportation research part A: policy and practice, 2014, 59: 250-261.

[39] EPSTEIN B, GIVONI M. Analyzing the gap between the QOS demanded by PT users and QOS supplied by service operators[J]. Transportation research part A: policy and practice, 2016, 94: 622-637.

[40] ERIKSSON L, FRIMAN M, GÄRLING T. Stated reasons for reducing work-commute by car[J]. Transportation research part F: traffic psychology and behaviour, 2008, 11 (6): 427-433.

[41] ERIKSSON L, NORDLUND A M, GARVILL J. Expected car use reduction in response to structural travel demand management measures[J]. Transportation research part F: traffic psychology and behaviour, 2010, 13 (5): 329-342.

[42] FAIRHURST M H. The influence of public transport on car ownership in London[J]. Journal of transport economics and policy, 1975: 193-208.

[43] FARRELL M J. The measurement of productive efficiency[J]. Journal of the royal statistical society: series A (general), 1957, 120 (3): 253-281.

[44] FEARNLEY N, CURRIE G, FLÜGEL S, et al. Competition and substitution between public transport modes[J]. Research in transportation economics, 2018, 69: 51-58.

[45] FERGUSON E. Transit ridership, incident effects and public policy [J]. Transportation research part A: policy and practice, 1992, 26 (5): 393-407.

[46] FIORIO C V, PERCOCO M. Would you stick to using your car even if charged? Evidence from Trento, Italy[J]. Transport reviews, 2007, 27 (5): 605-620.

[47] FRANK L D, PIVO G. Impacts of mixed use and density on utilization of three modes of travel: single-occupant vehicle, transit, and walking[J]. Transportation research record, 1994, 1466: 44-52.

[48] FILIPOVIĆ S，TICA S，ŽIVANOVIĆ P，et al. Comparative analysis of the basic features of the expected and perceived quality of mass passenger public transport service in Belgrade[J]. Transport，2009，24（4）：265-273.

[49] FOOTE P J. Making buses better in Chicago：strategic implementation of customer-derived performance measures from 1995 to 2001[J]. Transportation research record，2004，1884（1）：18-26.

[50] FRONDEL M，VANCE C. Rarely enjoyed? A count data analysis of ridership in Germany's public transport[J]. Transport policy，2011，18（2）：425-433.

[51] FUJII S，KITAMURA R. What does a one-month free bus ticket do to habitual drivers? An experimental analysis of habit and attitude change[J]. Transportation，2003，30（1）：81-95.

[52] GATTOUFI S，ORAL M，KUMAR A，et al. Content analysis of data envelopment analysis literature and its comparison with that of other OR/MS fields[J]. Journal of the operational research society，2004，55（9）：911-935.

[53] GÄRLING T，EEK D，LOUKOPOULOS P，et al. A conceptual analysis of the impact of travel demand management on private car use[J]. Transport policy，2002，9（1）：59-70.

[54] GEORGE D. SPSS for windows step by step：a simple study guide and reference[M]. Pearson education india，2011.

[55] GEORGIADIS G，POLITIS I，PAPAIOANNOU P. Measuring and improving the efficiency and effectiveness of bus public transport systems[J]. Research in transportation economics，2014，48：84-91.

[56] GKRITZA K，KARLAFTIS M G，MANNERING F L. Estimating multimodal transit ridership with a varying fare structure[J]. Transportation Research Part A：Policy and Practice，2011，45（2）：148-160.

[57] GOLOB T F. Structural equation modeling for travel behavior research[J]. Transportation research part B：methodological，2003，37（1）：1-25.

[58] GOMEZ-IBANEZ J A. Big-city transit ridership，deficits，and politics：

avoiding reality in Boston[J]. Journal of the American planning association,
1996, 62 (1): 30−50.

[59] GOODWIN P B. Car ownership and public transport use: revisiting the
interaction[J]. Transportation, 1993, 20 (1): 21−33.

[60] GWILLIAM K. A review of issues in transit economics[J]. Research in
transportation economics, 2008, 23: 4−22.

[61] HAHN J S, KIM D K, KIM H C, et al. Efficiency analysis on bus companies
in seoul city using a network DEA model[J]. KSCE Journal of civil
engineering, 2013, 17 (6): 1480−1488.

[62] HALL J D, PALSSON C, PRICE J. Is Uber a substitute or complement for
public transit?[J]. Journal of urban economics, 2018, 108: 36−50.

[63] HEINEN E. Identity and travel behaviour: a cross−sectional study on
commute mode choice and intention to change[J]. Transportation research part
F: traffic psychology and behaviour, 2016, 43: 238−253.

[64] HENDRICKSON C. A note on trends in transit commuting in the United
States relating to employment in the central business district[J]. Transportation
research part A: general, 1986, 20 (1): 33−37.

[65] HENSHER D A, PRIONI P. A service quality index for area−wide contract
performance assessment[J]. Journal of transport economics and policy
(JTEP), 2002, 36 (1): 93−113.

[66] HENSHER D A, MULLEY C, YAHJA N. Passenger experience with quality−
enhanced bus service: the tyne and wear "superoute" services[J]. Transportation,
2010, 37 (2), 239−256.

[67] HUNECKE M, BLÖBAUM A, MATTHIES E, et al. Responsibility and
environment ecological norm orientation and external factors in the domain of
travel mode choice behavior[J]. Environment and behavior, 2001, 33 (6):
830−852.

[68] IDRIS A O, HABIB K M N, SHALABY A. An investigation on the

performances of mode shift models in transit ridership forecasting[J]. Transportation research part A: policy and practice, 2015, 78: 551-565.

[69] JACQUES C, MANAUGH K, EL-GENEIDY A M. Rescuing the captive [mode] user: an alternative approach to transport market segmentation[J]. Transportation, 2013, 40 (3): 625-645.

[70] JENKINS L, ANDERSON M. A multivariate statistical approach to reducing the number of variables in data envelopment analysis[J]. European Journal of operational research, 2003, 147 (1): 51-61.

[71] JOHANSSON M V, HELDT T, JOHANSSON P. The effects of attitudes and personality traits on mode choice[J]. Transportation research part A: policy and practice, 2006, 40 (6): 507-525.

[72] JONES S R, TANNER J C. Car ownership and public transport[R]. 1979.

[73] KAIN J F, LIU Z. Secrets of success: assessing the large increases in transit ridership achieved by Houston and San Diego transit providers [J]. Transportation Research Part A: Policy and Practice, 1999, 33 (7): 601-624.

[74] KAFFASHI S, SHAMSUDIN M N, CLARK M S, et al. Are Malaysians eager to use their cars less? Forecasting mode choice behaviors under new policies [J]. Land use policy, 2016, 56: 274-290.

[75] KARLAFTIS M G. A DEA approach for evaluating the efficiency and effectiveness of urban transit systems[J]. European journal of operational research, 2004, 152 (2): 354-364.

[76] KARLAFTIS M G, TSAMBOULAS D. Efficiency measurement in public transport: are findings specification sensitive?[J]. Transportation research part A: policy and practice, 2012, 46 (2): 392-402.

[77] KEMP M A. Some evidence of transit demand elasticities[J]. Transportation, 1973, 2 (1): 25-52.

[78] KIM H S, Kim E. Effects of public transit on automobile ownership and use in households of the USA[J]. Review of urban & regional development studies,

2004，16（3）：245-262.

[79] KINGHAM S，DICKINSON J，COPSEY S. Travelling to work：will people move out of their cars[J]. Transport policy，2001，8（2）：151-160.

[80] KITAMURA R. A causal analysis of car ownership and transit use[J]. Transportation，1989，16（2）：155-173.

[81] KLÖCKNER C A，FRIEDRICHSMEIER T. A multi-level approach to travel mode choice-How person characteristics and situation specific aspects determine car use in a student sample[J]. Transportation research part F：traffic psychology and behaviour，2011，14（4）：261-277.

[82] KOHN，H M. Factors affecting urban transit ridership [M]. Canada：Statistics Canada，2000. 1-9.

[83] LAO Y，LIU L. Performance evaluation of bus lines with data envelopment analysis and geographic information systems[J]. Computers，environment and urban systems，2009，33（4）：247-255.

[84] LEE S，LEE Y，PARK J. Estimating price and service elasticity of urban transportation demand with stated preference technique：Case in Korea[J]. Transportation research record：journal of the transportation research board，2003（1839）：167-172.

[85] LEE K S，EOM J K，YOU S Y，et al. An Empirical study on the relationship between urban railway ridership and socio-economic characteristics[J]. Procedia computer science，2015，52：106-112.

[86] LEE M T，YEH C F. Causal effects between bus revenue vehicle-kilometers and bus ridership[J]. Transportation research part A：policy and practice，2019，130：54-64.

[87] LEVINSON H，ZIMMERMAN S，CLINGER J，et al. Bus rapid transit volume 1：case studies in bus rapid transit[R]. Transport cooperative research program report 90. Washington D.C. USA，2003.

[88] LI M，LAU D，SEAH D. Car ownership and urban transport demand in

Singapore[J]. International journal of transport economics，2011，38（1）：47–70.

[89] LI J，XU L，YAO D，et al. Impacts of symbolic value and passenger satisfaction on bus use[J]. Transportation research part D：transport and environment，2019，72：98–113.

[90] LIMTANAKOOL N，DIJST M，SCHWANEN T. The influence of socioeconomic characteristics，land use and travel time considerations on mode choice for medium–and longer–distance trips[J]. Journal of transport geography，2006，14（5）：327–341.

[91] LIU Z. Determinants of public transit ridership：analysis of post world war II trends and evaluation of alternative networks [D]. Cambridge，MA：Harvard University，1993.

[92] LIU Y，HONG Z，LIU Y. Do driving restriction policies effectively motivate commuters to use public transportation?[J]. Energy policy，2016，90：253–261.

[93] LIU Y，CIRILLO C. Measuring transit service impacts on vehicle ownership and use[J]. Public transport，2015，7（2）：203–222.

[94] LITMAN T. Valuing transit service quality improvements[J]. Journal of public transportation，2008，11（2）：43–64.

[95] LEIBENSTEIN H. Incremental capital–output ratios and growth rates in the short run[J]. The review of economics and statistics，1966：20–27.

[96] LLERAS C. Path analysis[J]. Encyclopedia of social measurement，2005，3（1）：25–30.

[97] LOADER C，Stanley J. Growing bus patronage and addressing transport disadvantage：the Melbourne experience[J]. Transport policy，2009，16（3）：106–114.

[98] LOUKOPOULOS P，JAKOBSSON C，GÄRLING T，et al. Car–user responses to travel demand management measures：goal setting and choice of adaptation alternatives[J]. Transportation research part D：transport and

environment，2004，9（4）：263-280.

[99] MACKETT R L. Policies to attract drivers out of their cars for short trips[J]. Transport policy，2001，8（4）：295-306.

[100] MARSHALL S，BANISTER D. Travel reduction strategies：intentions and outcomes[J]. Transportation research part A：policy and practice，2000，34 （5）：321-338.

[101] MATAS A. Demand and revenue implications of an integrated public transport policy：the case of Madrid[J]. Transport reviews，2004，24（2）： 195-217.

[102] MCLEOD JR M S，FLANNELLY K J，FLANNELLY L，et al. Multivariate time-series model of transit ridership based on historical，aggregate data：the past，present，and future of Honolulu [J]. Transportation research record， 1991（1297）：76-84.

[103] MERKERT R，MULLEY C，HAKIM M M. Determinants of bus rapid transit （BRT）system revenue and effectiveness：a global benchmarking exercise[J]. Transportation research part A：policy and practice，2017，106：75-88.

[104] MEYER M D. Demand management as an element of transportation policy： using carrots and sticks to influence travel behavior[J]. Transportation research part A：policy and practice，1999，33（7）：575-599.

[105] MUNSHI T. Built environment and mode choice relationship for commute travel in the city of Rajkot，India[J]. Transportation research part D：transport and environment，2016，44：239-253.

[106] NURDDEN A，RAHMAT R，ISMAIL A. Effect of transportation policies on modal shift from private car to public transport in Malaysia[J]. Journal of applied sciences，2007，7（7）：1013-1018.

[107] ODECK J. Congestion，ownership，region of operation，and scale：their impact on bus operator performance in Norway[J]. Socio-economic planning sciences，2006，40（1）：52-69.

[108] PARKAN C. Measuring the operational performance of a public transit company[J]. International journal of operations & production management, 2002, 22 (6): 693-720.

[109] PAULSSEN M, TEMME D, VIJ A, et al. Values, attitudes and travel behavior: a hierarchical latent variable mixed logit model of travel mode choice[J]. Transportation, 2014, 41 (4): 873-888.

[110] PENG Y, FENG T, TIMMERMANS H. A path analysis of outdoor comfort in urban public spaces[J]. Building and environment, 2019, 148: 459-467.

[111] PERONE J S, VOLINSKI J. Fare, Free, or something in between?[J]. Center for urban transportation research, 2002: 473-132.

[112] PHAROAH T, APEL D. Transport concepts in European cities[M]. Aldershot, UK: Avebury Press, 1995.

[113] PIGOU A C. The economics of warfare[M]. London: Macmillan and Compony, 1920.

[114] PUCHER J, PARK H, KIM M H, et al. Public transport reforms in Seoul: innovations motivated by funding crisis[J]. Journal of public transportation, 2005, 8 (5): 41-62.

[115] PUCHER J, KURTH S. Verkehrsverbund: the success of regional public transport in Germany, Austria and Switzerland[J]. Transport policy, 1995, 2 (4): 279-291.

[116] QUARMBY D A. Choice of travel mode for the journey to work: some findings[J]. Journal of transport economics and policy, 1967, 1(3): 273-314.

[117] REDMAN L, FRIMAN M, GÄRLING T, et al. Quality attributes of public transport that attract car users: a research review[J]. Transport policy, 2013, 25: 119-127.

[118] RIETVELD P, BRUINSMA F R, VAN VUUREN D J. Coping with unreliability in public transport chains: a case study for Netherlands[J]. Transportation research part A: policy and practice, 2001, 35 (6): 539-559.

[119] RODRIGUEZ D，TARGA F. Value of accessibility to Bogotá's bus rapid transit system[J]. Transport Reviews，2004，24（5）：587-610.

[120] SAMPAIO B R，NETO O L，SAMPAIO Y. Efficiency analysis of public transport systems：lessons for institutional planning[J]. Transportation research part A：policy and practice，2008，42（3）：445-454.

[121] SANTOS G，BEHRENDT H，TEYTELBOYM A. Part Ⅱ：policy instruments for sustainable road transport[J]. Research in transportation economics，2010，28（1）：46-91.

[122] SARKIS J. Preparing your data for DEA[C]. Boston，MA: Springer，2007：305-320.

[123] SATIENNAM T，JAENSIRISAK S，SATIENNAM W，et al. Potential for modal shift by passenger car and motorcycle users towards Bus Rapid Transit（BRT）in an Asian developing city[J]. IATSS research，2016，39（2）：121-129.

[124] SCHEINER J，HOLZ-RAU C. Travel mode choice：affected by objective or subjective determinants?[J]. Transportation，2007，34（4）：487-511.

[125] SEN A K，TIWARI G，UPADHYAY V. Should bus commuting be subsidized for providing quality transport services?—a case for delhi[J]. Sadhana，2007，32（4）：329-345.

[126] SHARABY N，SHIFTAN Y. The impact of fare integration on travel behavior and transit ridership[J]. Transport policy，2012，21：63-70.

[127] SHINDLER R，FERRERI M G. Auto ownership as affected by transportation system alternatives[J]. Traffic engineering，Inst Traffic Eng，1967，38（1）：24-28.

[128] SPILLAR R J，RUTHERFORD G S. The effects of population density and income on per capita transit ridership in western American cities[A]. Compendium of technical papers[C]. Berkeley：Institute of Transportation Engineers Meeting，1990. 327-331.

[129] STEG L，VLEK C，SLOTEGRAAF G. Instrumental-reasoned and symbolic-affective motives for using a motor car[J]. Transportation research part F：traffic psychology and behaviour，2001，4（3）：151-169.

[130] STOVER V W，MCCORMACK E D. The impact of weather on bus ridership in Pierce County，Washington[J]. Journal of public transportation，2012，15（1）：95-110.

[131] STREINER D L. Finding our way：an introduction to path analysis[J]. The Canadian journal of psychiatry，2005，50（2）：115-122.

[132] SUNG H，OH J T. Transit-oriented development in a high-density city：Identifying its association with transit ridership in Seoul，Korea[J]. Cities，2011，28（1）：70-82.

[133] SUN B，ERMAGUN A，DAN B. Built environmental impacts on commuting mode choice and distance：evidence from Shanghai[J]. Transportation research part D：transport and environment，2017，52：441-453.

[134] SYED S I，KHAN A M. Factor analysis for the study of determinants of public transit ridership[J]. Journal of public transportation，2000，3（3）：1.

[135] TAMAKI T，NAKAMURA H，FUJII H，et al. Efficiency and emissions from urban transport：application to world city-level public transportation[J]. Economic analysis and policy，2016，61，55-63.

[136] TAYLOR B D，MILLER D，ISEKI H，et al. Nature and/or nurture? analyzing the determinants of transit ridership across US urbanized areas [J]. Transportation research part A：policy and practice，2009，43（1）：60-77.

[137] TAYLOR B D，FINK C N Y. The factors influencing transit ridership：a review and analysis of the ridership literature[J]. University of California Transportation Center，2003. Retrieved from：http：//escholarship.org/uc/item/3xk9j8m2.

[138] THOMPSON G，BROWN J，BHATTACHARYA T. What really matters for increasing transit ridership：understanding the determinants of transit

ridership demand in Broward County, Florida[J]. Urban studies, 2012, 49 (15): 3327-3345.

[139] THOMPSON G L, BROWN J R. Explaining variation in transit ridership in US metropolitan areas between 1990 and 2000: multivariate analysis [J]. Transportation research record: journal of the transportation research board, 2006, 1986 (1): 172-181.

[140] THØGERSEN J. Promoting public transport as a subscription service: effects of a free month travel card[J]. Transport policy, 2009, 16 (6): 335-343.

[141] THØGERSEN J, MØLLER B. Breaking car use habits: the effectiveness of a free one-month travelcard[J]. Transportation, 2008, 35 (3): 329-345.

[142] TRAN M T, ZHANG J, CHIKARAISHI M, et al. A joint analysis of residential location, work location and commuting mode choices in Hanoi, Vietnam[J]. Journal of transport geography, 2016, 54: 181-193.

[143] TSAMBOULAS D A. Parking fare thresholds: a policy tool[J]. Transport policy, 2001, 8 (2): 115-124.

[144] TSAMBOULAS D A. Assessing performance under regulatory evolution: a European transit system perspective[J]. Journal of urban planning and development, 2006, 132 (4), 226-234.

[145] TOO L, EARL G. Public transport service quality and sustainable development: a community stakeholder perspective[J]. Sustainable development, 2010, 18 (1): 51-61.

[146] Department of Energy. Annual energy review 2000[EB/OL]. 2001-08-08.

[147] VAN H T, CHOOCHARUKUL K, FUJII S. The effect of attitudes toward cars and public transportation on behavioral intention in commuting mode choice: a comparison across six Asian countries[J]. Transportation research part A: policy and practice, 2014, 69: 36-44.

[148] VITON P A. Technical efficiency in multi-mode bus transit: a production frontier analysis[J]. Transportation research part B: methodological, 1997,

31（1）：23-39.

[149] VON HIRSCHHAUSEN C，CULLMANN A. A nonparametric efficiency analysis of German public transport companies[J]. Transportation research part E：logistics and transportation review，2010，46（3）：436-445.

[150] VENKATESH A，KUSHWAHA S. Short and long-run cost efficiency in Indian public bus companies using data envelopment analysis[J]. Socio-economic planning sciences，2018，61：29-36.

[151] WALL G，MCDONALD M. Improving bus service quality and information in Winchester[J]. Transport policy，2007，14（2）：165-179.

[152] WALKER J，DONOVAN S，CAGNEY M C R. How does patronage react to service frequency?[J/OL]. 2007. /http：//www.ozebus.com.au/ozebus/img/FrequencyStudy.pdfS.

[153] WANG L，XU J，QIN P. Will a driving restriction policy reduce car trips?：The case study of Beijing，China[J]. Transportation research part A：policy and practice，2014，67：279-290.

[154] WANG G H K，SKINNER D. The impact of fare and gasoline price changes on monthly transit ridership：empirical evidence from seven US transit authorities[J]. Transportation research part B：methodological，1984，18（1）：29-41.

[155] WEBB A，MARTIN S，LE-NGUYEN P. The Sunday saver and the seniors Sunday pass：growing public transport patronage at reasonable cost[C]. In：30th Australasian Transport Research Forum. Melbourne，Australia：Australasian transport research forum，2007.

[156] WEINERT J，MA C，YANG X，et al. Electric two-wheelers in China：effect on travel behavior，mode shift，and user safety perceptions in a medium-sized city[J]. Transportation research record：journal of the transportation research board，2007（2038）：62-68.

[157] WOOTTON J. Replacing the private car[J]. Transport reviews，1999，19（2）：

157-175.

[158] WU C, PEI Y, GAO J. Evolution game model of travel mode choice in metropolitan[J]. Discrete dynamics in nature and society, 2015, 2015.

[159] YAO D, XU L, LI J. Evaluating the performance of public transit systems: a case study of eleven cities in China[J]. Sustainability, 2019, 11(13): 3555.

[160] YOUNES B. The benefits of improving public transport: a myth or reality? [J]. Transport reviews, 1995, 15 (4): 333-356.

[161] YU M M, FAN C K. Measuring the performance of multimode bus transit: a mixed structure network DEA model[J]. Transportation research part E: logistics and transportation review, 2009, 45 (3): 501-515.

[162] ZHANG M. The role of land use in travel mode choice: evidence from Boston and Hong Kong[J]. Journal of the American planning association, 2004, 70 (3): 344-360.

[163] ZHANG C, JUAN Z, LUO Q, et al. Performance evaluation of public transit systems using a combined evaluation method[J]. Transport policy, 2016, 45: 156-167.

[164] ZHANG C, XIAO G, LIU Y, et al. The relationship between organizational forms and the comprehensive effectiveness for public transport services in China?[J]. Transportation research part A: policy and practice, 2018, 118: 783-802.

[165] ZHAO X, XU W, MA J, et al. An analysis of the relationship between driver characteristics and driving safety using structural equation models[J]. Transportation research part F: traffic psychology and behaviour, 2019, 62: 529-545.

[166] ZHOU M, WANG D, LI Q, et al. Impacts of weather on public transport ridership: results from mining data from different sources[J]. Transportation research part C: emerging technologies, 2017, 75: 17-29.

[167] 包丹文, 邓卫, 顾仕珲. 停车收费对居民出行方式选择的影响分析[J]. 交

通运输系统工程与信息，2010，10（3）：80-85.

[168] 陈阳. 公交优先的内涵与措施[J]. 城市问题，2001（5）：64-67.

[169] 陈星光，周晶，朱振涛. 城市交通出行方式选择的演化博弈分析[J]. 管理工程学报，2009，23（2）：140-142，130.

[170] 成刚. 数据包络分析方法与 MaxDEA 软件[M]. 北京：知识产权出版社，2014.

[171] 崔维军，罗玉. 城市居民气候变化风险认知对出行方式选择的影响：基于 620 位城市居民的调查分析[J]. 生态经济，2014，30（11）：119-123.

[172] 戴帅，刘金广，朱建安，等. 中国城市机动化发展情况及政策分析[J]. 城市交通，2015，13（2）：42-47.

[173] 窦雪萍，过秀成，赵康嘉. 新加坡公共交通服务质量提升策略[J]. 现代城市研究，2017（3）：58-63.

[174] 哈尔. 微观经济学：现代观点[M]. 费方域，译. 6 版. 上海：上海人民出版社，2006.

[175] 詹姆斯，菲茨西蒙斯 J. 莫娜. 服务管理：运营，战略和信息技术[M]. 张金成，范秀成，译. 2 版. 北京：机械工业出版社，2000.

[176] 付学梅，隽志才. 基于 ICLV 模型的通勤方式选择行为[J]. 系统管理学报，2016（6）：1046-1050.

[177] 高桂凤，魏华，严宝杰. 城市公交服务质量可靠性评价研究[J]. 武汉理工大学学报（交通科学与工程版），2007，31（1）：140-143.

[178] 高志方，覃朝春，彭定洪. 基于回归分析与网络 DEA 的城市公交企业运营效率分析[J]. 昆明理工大学学报（社会科学版），2015，15（4）：68-75.

[179] 公安部. 2017 年全国机动车和驾驶人保持高位增长. http：//www.mps. gov.cn/n2255079/n2256030/n2256031/c5976850/content.html.

[180] 眭荣亮，谭建春. 拥挤收费下居民出行方式选择：基于累积前景理论的分析[J]. 重庆师范大学学报（自然科学版），2014，31（3）：130-134.

[181] 国家统计局. 中国统计年鉴：2019[J]. 北京：中国统计出版社，2019.

[182] 韩小亮，邓祖新. 城市交通拥堵的经济学分析[J]. 财经研究，2006（5）：

19–31.

[183] 何文祥，杨旭. 基于个体选择概率的出行方式博弈模型研究[J]. 交通工程，2019（3）：22–27.

[184] 黄凤娟. 全国，地方人大代表热议公交发展[J]. 人民公交，2018，32–38.

[185] 胡雨婷，张春勤，刘勇. 常规地面公共交通服务质量评价文献综述[J/OL]. 浙江理工大学学报（自然科学版）：1–9 [2019–12–16]. http://kns.cnki.net/kcms/detail/33.1338.TS.20190930.1808.030.html.

[186] 景鹏，隽志才，查奇芬. 考虑心理潜变量的出行方式选择行为模型[J]. 中国公路学报，2014，27（11）：84–92，108.

[187] 林震，杨浩. 不同条件下出行方式平衡模型及特性分析[J]. 管理工程学报，2004，18（2）：30–34.

[188] 刘贤腾. 交通方式竞争：试论我国大城市公共交通的发展：以南京市为例[J]. 城市规划学刊，2011（4）：59–65.

[189] 李春艳，陈金川，郭继孚，等. 小汽车限行对居民出行特征的影响分析[J]. 交通运输系统工程与信息，2008，8（6）：73–77.

[190] 李祯琪，欧国立. 激励性和惩罚性交通拥堵治理政策的比较：基于动态演化博弈模型及仿真分析[J]. 中国管理科学，2019，27（6）：167–178.

[191] 李学文，徐丽群. 超效率 Gini 方法在城市交通行业面板数据中的研究[J]. 中国管理科学，2014（S1）：1–7.

[192] 马占新，马生昀，包斯琴高娃，等. 数据包络分析及其应用案例[M]. 北京：科学出版社，2013.

[193] 任刚，韩林宁，江航，等. 拥堵收费对弹性出行的小汽车使用者出行方式选择影响研究[J]. 交通信息与安全，2014，32（3）：1–5.

[194] 邵长桥，李民伟，刘小明，等. 拥挤收费对私家车出行方式的影响[J]. 北京工业大学学报，2014，40（6）：884–888.

[195] 邵晓双，谭德庆. 城市公共交通状况、羊群效应与私家车厂商市场策略[J]. 管理评论，2017，29（1）：220–227.

[196] 邵祖峰. 基于神经网络的城市公共交通服务质量评价[J]. 城市交通，

2006（6）：38-41，57.

[197] 石飞，居阳. 公交出行分担率影响因素分析：基于南京主城区的实证研究[J]. 城市规划，2015（2）：76-84.

[198] 巫娜燕，吉选. 基于有限理性的公交车与私家车交通方式演化博弈[J]. 价值工程，2019，38（10）：22-25.

[199] 王欢明，诸大建. 我国城市公交服务治理模式与运营效率研究：以长三角城市群公交服务为例[J]. 公共管理学报，2011，8（2）：52-62.

[200] 王伟，郑长江. 拥挤收费下城市居民内外通勤出行方式影响分析[J]. 大连交通大学学报，2014，35（4）：9-12.

[201] 王颖，鹿璐，邱诗永，等. 低排放区和拥堵收费国际经验[J]. 城市交通，2016，14（6）：23-29.

[202] 谢旭轩. 政策效果的误读：机动车限行政策评析[J]. 环境科学与技术，2010（S1）：436-440.

[203] 徐佳欢. 基于 SP/RP 数据融合的新建地铁对居民出行方式选择的影响[D]. 大连：大连理工大学，2018.

[204] 徐塱，欧国立. 交通拥堵收费的理论依据和政策分析[J]. 中国工业经济，2012（12）：18-30.

[205] 肖海燕，王先甲. 政府参与模式下出行者出行方式选择行为的演化博弈分析[J]. 管理工程学报，2010，（2）：115-118.

[206] 杨浩雄，张浩，王晶，等. 交通拥堵收费政策效应研究[J]. 管理世界，2013（7）：174-175.

[207] 杨励雅，朱晓宁. 快速城市化进程中居民出行的方式选择[J]. 中国软科学，2012（2）：71-79.

[208] 杨兆升. 城市智能公共交通系统理论与方法[M]. 北京：中国铁道出版社，2004.

[209] 杨雨，李庚，王蓉，等. 限行政策对道路交通流的影响研究：以天津市为例[J]. 交通信息与安全，2016，34（19）：116-122.

[210] 殷焕焕，关宏志，秦焕美，等. 基于非集计模型的居民出行方式选择行

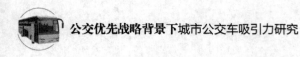

为研究[J]. 武汉理工大学学报（交通科学与工程版），2010，34（5）：
1000-1003.

[211] 张殿忠，王国忠. 城市公共汽车客运服务水平综合评价的数学模型[J].
内蒙古农业大学学报（自然科学版），2004（4）：53-57.

[212] 张磊. 基于Logit模型的停车费率变化对居民出行方式的影响分析[J]. 交
通与运输，2015，31（A01）：211-214.

[213] 张思佳，贾顺平，麻存瑞，等. 闭合通勤链中基于博弈的小汽车拥有者
出行方式选择研究[J]. 交通运输系统工程与信息，2016，17（2）：14-20.

[214] 张春勤，隽志才，景鹏. 公交企业运营绩效的信息熵与 SE-DEA 组合评
价方法[J]. 工业工程与管理，2015，20（1）：146-153.

[215] 周素红，闫小培. 广州城市居住-就业空间及对居民出行的影响[J]. 城市
规划，2006，30（5）：13-18.

[216] 中国城市交通发展论坛课题组. 公交出行分担率及公交优先发展评价研
究[J]. 城市交通，2014，12（5）：11-17.

致　谢

落笔间，时光倏忽而过。此时已是 2020 年的夏季，是我读博的第六个年头。推开窗，感受着外面的骄阳，我想起了 2014 年年初辞掉工作准备博士生资格考试时的紧张、期盼，想起了第一次见到徐老师，与徐老师交流时的激动、仰慕，想起了开学时的兴奋，重回课堂的满足，研究成果被认可的喜悦。太多的情景犹如镜头般在我的脑海里快速播放，其中有勤奋，也有懈怠；有快乐，也有忧伤；有收获，也有遗憾。但更多的，是感激！

首先，感谢我的恩师徐丽群教授。感谢徐老师引领着我步入学术的殿堂，给了我发挥优势、增长能力的平台，让我实现了更高的人生价值。我的所有期刊论文和博士论文均是在徐老师的精心指导和循循鼓励下完成的。论文从选题、内容组织、文章结构再到写作、定稿，每一步都倾注了徐老师大量的心血。当我对研究方法和思路感到迷茫时，是您给了我及时的指导，帮我打开了思路；当我懈怠、疏于研究时，亦是您给了我及时的提醒和鞭策。面对学生们的错误和困难，您总是那样包容、耐心。我的每一点进步、每一点成绩都离不开您的教导与鼓励。您的恩情，学生铭记于心。

感谢上海交通大学安泰经济与管理学院的各位领导和老师。学院为我们提供了优越的学习条件，营造了浓厚学习氛围。不仅邀请了国内外知名专家学者来我院做讲座，而且组织了博士生论坛活动。通过聆听大师们和同学们的学术报告，我开阔了国际视野、扩展了研究思路，对自身的学习和科研工作起到了事半功倍的作用。在这里，我受到了良好的学术熏陶，培养了学术研究的能力，养成了终身学习的习惯，这一切将使我受益终身。

感谢隽志才教授、田澎教授、朱保华教授、邵晓峰教授、骆建文教授、侯立文副教授等各位老师在论文写作中的批评与指正。同时，感谢我的思政老师范恒老师、张印轩老师，感谢黄敏妍老师、薛静老师、刘曼老师、张东红老师等老师在我博士生涯中的帮助与包容，你们平易近人的态度和兢兢业业的工作作风已经深深地留在了我的脑海里，是我学习的榜样。

感谢李学文、李金培和孙倩雯等同门师姐妹们在学习生活中给予我的莫大关心和帮助。感谢多年来一起学习、共同成长的同学们，尤其感谢孙艳阳博士生，得此挚友，终生之幸，我会永远怀念我们相伴求学的日子。

感谢我的爸爸妈妈。顽皮如我，是你们的谆谆教诲和严格管束让我懂得了自立自强，是你们"砸锅卖铁也要供你读书"的朴素信念让一个农村女孩拥有了更多选择和可能。年幼无知的我只怪你们对我管得太严，羡慕别人家无拘束的孩子，长大后方懂得，做你们的孩子是件多么幸运、多么幸福的事情啊！感谢一直支持我的爱人孙国伟先生，感谢他的鼓励、照顾与包容。庆幸人生路上与你牵手，有你相伴。你的奋斗精神也一直感染着我，激励着我为了我们共同的理想并肩前行。感谢婆婆辛苦地照顾我年幼的女儿，让我心无旁骛潜心学业。感谢我的女儿，她给予了我莫大的幸福与安宁，她是我的责任，更是我的动力，她的到来使我的脚步更坚定、平稳。

在这不平凡的庚子鼠年，由衷感谢抗击新冠疫情的逆行者们，你们逆行的身影是 2020 年最美的风景。

千言万语道不尽感激之情，谨以此文献给所有帮助、关心我的老师、同学、朋友及家人们，愿祖国山河无恙、国泰民安，愿所爱之人岁岁安康。

适逢百年未有之大变局，传承交大饮水思源之精神，愿以吾所学回馈社会，不负此生。

姚　迪

2020 年 6 月 8 日